做有影响力的图书

很想
重新认识你，
从你的
名字开始

榛子壳——著

廣東旅游出版社
GUANGDONG TRAVEL & TOURISM PRESS
悦读书·悦旅行·悦享人生
中国·广州

图书在版编目（CIP）数据

很想重新认识你，从你的名字开始 / 榛子壳著 . —
广州 : 广东旅游出版社， 2020.8
ISBN 978-7-5570-2287-7

Ⅰ . ①很… Ⅱ . ①榛… Ⅲ . ①故事—作品集—中国—当代 Ⅳ . ① I247.81

中国版本图书馆 CIP 数据核字 (2020) 第 131161 号

很想重新认识你，从你的名字开始
HEN XIANG CHONG XIN REN SHI NI ,
CONG NI DE MING ZI KAI SHI
榛子壳 著

◎出版人：刘志松　◎责任编辑：梅哲坤　戴璐琪
◎责任技编：冼志良　◎责任校对：李瑞苑

出版发行：广东旅游出版社
地址：广州市越秀区环市东路 338 号银政大厦西楼 12 层
邮编：510060
电话：020-87347732
印刷：三河市华晨印务有限公司
地址：三河市杨庄镇杨庄村
开本：880 毫米 ×1230 毫米　1/32
字数：172 千字
印张：8
版次：2020 年 8 月第 1 版
印次：2020 年 8 月第 1 次印刷
定价：36.00 元

目录

PART ONE

PART TWO

PART THREE

PART FOUR

PART ONE 春雨 · 等待

德钦：远方的风比远方更远

风从遥远的雪山山顶吹来，沁凉中又夹杂着一丝暖意。小谢走到隋巍身旁，看他“咯嚓咯嚓”地摆弄单反，她不知想起了什么，突然问他：“怎么样判断一个人是否真的爱你？”

“这个问题我不好形容，很多细节的东西，需要各自体会。但我知道，一个人是否爱你，他的眼睛不会骗人，他看向你的目光也不会骗人。”

他转过头来望向她微笑，眼底波光粼粼：“如果他看着你时眼睛都在笑，那他一定是爱你的，起码，非常非常地喜欢。”

1.

小谢的车在穿过白马雪山垭口后便开始罢工，不是水箱冒烟便是车胎爆胎，她抱着随行背包焦头烂额地站在路旁等待救援队赶来，山风急切地吹乱了她的头发，更显得女孩的身影无助而又单薄。

正打算再打电话催一催救援队，远处一阵刺耳的鸣笛声传来，只见一辆黑色路虎横冲直撞向她驶了过来。

她下意识地后退几步，只是一秒钟的时间差，一块石头“轰”的一声落在离她两米外的正前方，吓得她反射性一跳。

黑色的路虎“嘎吱”一声停在面前，车窗降下，露出一张棱角分明的脸，古铜色的皮肤微微发亮。他二话不说劈头盖脸冲着她就是一通咆哮：“山顶不停地落碎石你是看不见还是怎么着？不要命了啊！”

她惊魂未定地看着面前的陌生男子，不懂他的火气从何而来：“我，我车坏了……”

“那也得在车里坐着等，万一石头掉下来砸你脑袋，这穷乡僻壤的连个医院都没有！车重要还是命重要，算不清这个账啊！”年轻男子的声音是自带沙哑的烟嗓，发起火来又带了那么些说教的意味，“上车，正好快到德钦了，到那儿再说。”

“那我的车……”

话未说完，她已被男人强拉硬拽拖上了车。他将油门踩得飞快，她像是坐在云霄飞车上，双手死死攥住安全带，大气不敢出一下。

天蓝得一望无际，阳光把山脉照射成泾渭分明的彩虹色，远处层峦叠翠，雪山皑皑，可脚下是万丈深渊，一不留神就会万劫不复。

翻越最惊险的路段，终于到达雾浓顶观景台，巍峨神圣的卡瓦格博峰仿佛近在咫尺。男人下车点燃一根烟，靠在车门上扭脸望向车里一脸灰白的女孩，问：“你从哪儿过来的，旅游吗？”

焦油量1毫克的中南海，味道不算呛，然而在这样神圣的地方吸烟，却显得有些不合时宜。

她微不可觉地皱了皱眉：“昆明，一路开过来。”

男人的表情有些惊讶，眼中光芒一闪而过：“哟，看不出来啊，这么娇娇弱弱的小姑娘开着一辆冒牌越野就敢上路，昆明到这儿900公里，真是难为你了。”

他熄灭未抽完的烟，拉开车门坐回车上，笑容变得意味深长，“都是来旅游的，相逢即是缘。我可以把你带到德钦县城，但是你得答应我一件事。”

“干嘛？”她警惕地看着这张痞里痞气的俊脸，生怕他图谋不轨。她想，即便长得好看也不可以成为犯罪的理由。

“我的要求很简单，这趟你得跟我结伴旅游，我一个人玩没意思。”他笑起来，露出一口洁白的牙齿，“哦，忘了介绍我自己，我叫隋巍，巍峨山川的巍。你呢？”

阳光透过没贴膜的窗玻璃明晃晃地照在她的脸上，落下一片斑驳阴影，她靠在椅背上歪头看他，早已没了刚刚惊慌失措的神情：“小谢，朋友们都叫我小谢。”

2.

抵达德钦县城时已近黄昏，夕阳将绵延相连的梅里雪山晕染成一片绯红，有虔诚的藏民背着行囊一步一跪磕长头，日暮下的小县城宁静安详。

她见到了救援队的负责人桑波，那是一个40岁左右的藏族男人，皮肤黝黑，眼神清亮，笑起来有着藏民特有的淳朴真诚。

他有些歉意地告诉小谢，最近事故多发，很多故障车辆都在排队，她的车被拖到了离德钦最近的维修站，要等两天才能修好。

她不甚在意地笑笑，眼神淡定，一改白马雪山公路上的柔弱姿态："没关系啊，反正我刚结识了一位古道热肠的朋友，正好作伴一起玩了，是不是？"说着，她转头望向隋巍。

隋巍望着眼前看似柔弱实则倔强的女孩，眼底仿佛有风掠过，他勾了勾嘴角，说："那必须啊，这么漂亮的姑娘就在身边，我要还是自己玩，那不是傻缺么！哈哈哈……"

小谢看着他阳光下肆意的笑脸，突然觉得，这个在雪山公路上凶她的年轻男人，心里也不过是个没长大的孩子。

桑波没聊几句就走了。隋巍就近找了一家餐馆，点了简单的藏餐和热腾腾的酥油茶，满屋子香气，闻起来都觉得幸福。

一天忙乱惊慌，小谢早已疲惫不堪，没吃几口便放下筷子，只想找一张床倒头就睡。但是想着明天一大早还要起来看日出，她强打精神开始在手机上搜索附近的酒店，刷着屏却哈欠连连。

正心烦意乱找不到合适的住所，隋巍的手机已递到她眼前："别忙活，我都订好了，两间山景房，正对着卡瓦博格主峰。"

她脸一撇："你订你的就好，不用管我。"

"那可不行，明天咱们都要搭伴儿旅游了，也算驴友了，不住得近点怎么一起行动啊？"隋巍挑眉，"再说了，又不是让你跟我一个屋，两间房还要花两份钱呢，怎么算你都不吃亏好不好？"

他的调侃让她嘴边的话戛然而止，想了想，她从包里掏出两张纸币，冲着老板扬了扬头："结账！"

转而又望向他:“真要是AA，算完酒店还得掰扯每顿饭钱，麻烦。明天去景区的票由我来搞定吧，从小我妈就教育我不能占男人的便宜，我可不想让人说我吃人嘴短。”

第二天凌晨五点半，小谢便收到隋巍发来的信息，叫她收拾一下准备出门。

到达观景台的时候，人已聚集了不少。小谢依旧哈欠连天，没睡醒的样子又被隋巍笑话了一通:“一看你就是娇生惯养的大小姐，不懂民间疾苦。哪像我们搞货运的，鸡都比我们起得晚，辛辛苦苦折腾半天，还总遭人挤兑。”

“可是都说搞货运的赚钱啊。”

“快算了吧，说我们赚钱的都是些无良供应商，就会剥削压榨。我能坚持到现在，全靠信念活着！”

“什么信念？”

他咧开嘴，转过头看她:“娶媳妇儿呀！”

避开蜂拥人群找好落脚点，隋巍支起三脚架，点了根中南海，默默调试镜头焦距。

小谢看了看东边的云彩，喃喃道:“今天似乎是晴天。”

隋巍瞥了她一眼，嘴里慢慢悠悠吐出一个烟圈:“晴天也要看云彩的覆盖程度，不一定真能看见‘金山’。没事儿，这种事情可遇不可求，真要看见了，就当菩萨保佑吧。”

时间一分一秒地过去，阳光越过云层阻碍突然照射在雪山顶上，光线逐渐扩大，差不多一眨眼的功夫，整座雪山被染成绚烂的金色。

周围的人瞬间发出“扎西德勒”的欢呼，相互庆祝此生难遇的壮观。

小谢心潮澎湃地看着通体金色的山脉，转头兴奋地望向隋巍，只见他目不转睛盯着镜头，古铜色的皮肤被阳光晒得发亮。她原本想去拍他肩的手缓缓收回，那一刻，只觉得他认真而又虔诚的模样，在漫天的霞光下显得格外迷人。

3.

原定去雨崩的计划因为装备不够而搁浅，两人只得把注意力全部放在明永冰川。

进入冰川景区，坐电瓶车穿越原始森林，之后便是长长的徒步。

沿着栈道拾级而上，终于抵达海拔 3150 米的观景台，巨大的白色冰川从天而降，在烈日下散发出幽蓝色的光芒，时不时听见远处冰块开裂的声音，脚下的地隐隐晃动，令人震撼不已。

风从遥远的雪山山顶吹来，沁凉中又夹杂着一丝暖意。小谢走到隋巍身旁，看他“喀嚓喀嚓”地摆弄单反，她不知想起了什么，突然问他：“怎么样判断一个人是否真的爱你？”

“这个问题我不好形容，很多细节的东西，需要各自体会。但我知道，一个人是否爱你，他的眼睛不会骗人，他看向你的目光也不会骗人。”

他转过头来望向她微笑，眼底波光粼粼：“如果他看着你时眼睛都在笑，那他一定是爱你的，起码，非常非常地喜欢。”

小谢没有想到自己会被虫咬。从山上下来的时候，忽然感觉腿上针扎似的一阵疼，低头，只看见一条黑色的虫子在她光滑的腿肚子上蠕动。

“啊——”她尖叫一声，气壮山河的叫喊声回响在山里，震得树叶都在簌簌颤抖。

爬在小谢腿上的是著名的“吸血鬼”蚂蟥，幸好发现及时，没有造成重大损伤。

但还是失了些血，腿部要做紧急处理，隋巍背着她一步步走回山下换乘电瓶车的地方，她伏在他陌生而又宽厚的背上，头一次感觉到暖暖的踏实。

高原的天气温差极大，白天短袖，晚上便换成了羊毛披肩。夜里远观卡瓦博格主峰，黑色的山峰神秘而又寂静，让人心生肃穆。

晚餐后回到原住酒店，藏式风情的客房被打扫得一尘不染。小谢去卫生间洗净烧水壶，将随身携带的姜丝黑糖放进壶中煮沸，然后敲开了隋巍的门。

他正打算将单反相机里的照片导出，见她主动前来，有些惊讶："这么晚了你来敲一位单身男士的门，有何贵干啊？"

她扬了扬手中的水壶，笑："我煮了黑糖水，给你倒点，谢谢你一直这么照顾我。"

“一壶糖水就把我打发了？我这又操心又出力的，敢情也太廉价了吧！”他一拍大腿，表面佯装不满，内心却忽然漾起一股奇异的柔情。

“好吧，漫漫长夜，一个人闲着也是无聊。”她为他洗了杯子，倒好水递给他，就在他揣测她是不是还有点别的举动时，她轻声开口，表情是前所未有的凝重。

“那就给你讲讲我失败的狗血恋情吧。自从失恋后我便封闭了自己的心门，能让我主动提起这些事的，你还是第一个。”

“……”

4.

回程当天，小谢将车从维修站提了出来。两个人一前一后打道回府，他始终保持在她前方十米远的距离，既能探路，又能从后视镜看到她的状况。

车开到香格里拉已近傍晚，在酒店附近找餐馆简单吃了些东西，隋巍提议去独克宗古城看看。

独克宗在藏语里有“月光之城”的意思，几年前遭遇一场大火，百十间木质房屋顷刻毁于一旦，如今存留的古城面积仅有当初的三分之一，小谢看着客栈外红彤彤的灯笼，不禁唏嘘不已。

夜色愈发浓重，四方街响起了音乐声。藏歌的旋律清远嘹亮，人们从四面八方涌来，围成圆圈跳起了锅庄舞。

隋巍兴高采烈地拉着小谢加入到舞蹈大军之中，起初她连连摆手，可是周围的人那样友好，连他平日里硬朗的表情也变得生动起来，她呆呆看着，竟不忍心打破这样的温暖与纯粹。

夜风凉了，两人在古城里找了一家小酒吧，藏式的装修质朴而又热烈，音响里在播放不知名的民谣 CD，原生态的歌手轻轻吟唱，唱的是辽阔高原，也是心中的信仰。

隋巍要了青稞酒，杯子还没拿到嘴边便被小谢抢走。他一愣，伸手就要夺，却被她轻易避开。她不理会他急迫的神情，自顾自一口灌下。

她在德钦时没有任何高原反应，所以放松了警惕，认为到了香格里拉也是一样，压根就没料到高原饮酒的后果。

隋巍连夜将小谢送到医院，他握着她冰冷的手，一遍又一遍地在耳畔喊她的名字，让她尽量保持清醒。

那是小谢第一次与死神面对面。她手脚冰凉毫无知觉地躺在那里，仿佛有一只手扼住了她的喉咙，巨大的窒息感几乎将她淹没。

氧气入肺的时候，她脑子空白一片，迷迷糊糊感觉到有人在抚摸她的脸。她看不清那个人的表情，却清晰地听到，那一晚，一个微微沙哑的声音始终沉稳而又坚定地唤她——小谢。

千万别睡，小谢。

短短两夜虽然不长，小谢在异乡举目无亲，却有一个在公路上相识的陌生男子陪在身旁，为她端茶倒水，帮她打理一切。她说不清心里什么感受，却对这个看似幼稚实则细心的男人充满感激，似乎遇见他之后，自己总能与好运结缘。

可她并不知道，就在高反送入医院当夜，有人给她打过一个越洋电话。铃声来得急促而又漫长，隋巍以为有要紧事，便自作主张替她接了电话。

手机那头是一个年轻男子的声音，他问："你是谁，谢云琪呢？"

隋巍终于知道了小谢的真名，谢云琪，多么诗情画意的名字。可他来不及过多沉思，便被那个男人不耐烦的声音打断："你是她新交的男朋友？哈，我还真是低估她了，本以为她是个长情的人，没想到这么快就找到下家了！"

男人尖锐而又刺耳的质疑像是一颗炸弹，扔进隋巍心里，瞬间炸裂开一片烟云。他沉默了三秒，缓慢而又沉着地回复男人："她很累，已经睡了。要没有别的事，就先挂了吧。"

隋巍知道这样做很幼稚，也知道自己根本没有立场替她做任何决定，可电话那头的男人让他的愤怒无从遁形，于是他刻意地使了个心眼，答非所问玩了出文字游戏。

他鼻子里冷冷喷出一股气，哼，这样的人，尽早了断也好。

5.

韩春深就是小谢那段狗血失败恋情的男主角。他像是楚留香一样处处留情，留到倔强的小谢这里，便成了昏天黑地的一部琼瑶剧。

他们是彼此的初恋，五年的时间，最美好的回忆都给了对方。韩春深曾说过小谢是他今生最爱，转眼却又与她的闺蜜携手去了美国。她大病一场，决定与他分道扬镳时，他却又哭着跪地求和，让她心力交瘁。

她知道自己早该放下执念。可是爱情，岂是说放就放？

不过显然，隋巍早已参破一切，在她养病期间，他小心地隐匿了韩春深的来电信息。小谢依旧轻松自在地享受自己的"失恋旅行"，在她眼中，隋巍才是可以信赖的大哥。

回到昆明，一切仿佛回到了原点。小谢继续她的实习工作，隋巍依然吊儿郎当做他的货运代理。

有一天，小谢下班，在单位门口看见隋巍的车。他戴一副咖色蛤蟆镜，像极了黑客帝国里的基努·里维斯。见她出来，连忙下车替她拉开门：“哎呀，终于等到你了。来来，上车上车。”

她不解：“你来干吗？”

“正好路过，送你回家。”他从包里掏出一盒 Godiva（一个巧克力品牌），露出一口白牙，满面春风地笑，“朋友从国外带来的，我一大老爷们儿也不爱好这玩意，给你吧。”

之后一个多月，她总能在楼下看见那辆熟悉的黑色路虎。而他给她的理由，是自己搬了家，今后与她同路。

小谢是很单纯的女孩子，始终不知道，她和隋巍居住上班的地方南辕北辙，搬家的说辞其实只是为了见她的借口。他风雨无阻接送她，横穿半座城，心甘情愿，却从未对她提起。

天气好的时候，隋巍约她去凤凰山天文台，各大展厅内容丰富，40 米射电望远镜可以观测日月星辰。

她问他：“人家都是晚上来这儿看星星，大白天的你带我来，是想欣赏山里的野花吗？”

他笑笑，棱角分明的脸上扬起明媚而又得意的光：“不，我就是想让你更好地了解我。我曾经的梦想是成为宇航员，结果莫名其妙走上了做生意这条不归路。有时候遭人白眼冷落，心里难过无处诉说，抬头看看星空，看看浩渺的天际，才能发觉自己的渺小，劝告自己生活中遇到的都不是事儿。”

他唱起 Eason 的《富士山下》，并不纯熟的粤语，却被他的低哑声线唱出别样的风情。

站在天台，听见风从耳畔呼啸而过的声音。小谢微微低头，远处青翠一片，漫山遍野的花朵开得正旺。

正是一年最好的时节。

就在两个人都保持稳定而又友好的状态来维持这段关系时，隋巍率先捅破了窗户纸。

柏林交响乐团来昆明演出，他买了票，约她去听演奏会。

她犹豫了下，最终在他期待的注视下应允。不经意间望向他，他亦是笑意浅浅，棱角分明的脸上浮起难得的柔情。

月华似水，从音乐厅走出的时候，他突然加快速度挡在她面前，脸上露出难得的正经，他说："小谢，我爱你。"

没想到他会突然表白，她有些呆滞，睁大眼看他："你都不了解我，凭什么说爱我啊？"

"非要了解了才可以爱一个人吗？那你有没有听过一句话：还未遇上，便已爱上。"他拉住她的手放在自己胸口，眼光炙热而真诚，"即便我对你的身世背景一无所知，那又怎么样？喜欢需要理由，但爱不需要。我想对你好，也不需要任何理由。"

6.

对于小谢来说，拒绝隋巍成了她生活中最艰难的事。可她思忖良久，还是以不适合的名义将他放在了"备选查看"的名单之列。

"巍哥，我知道你对我好，你是我最信任的人。但是，我觉得咱俩相互都不了解，我对未来也挺迷茫，如果现在就确立关系，是不是太仓促了点？"

那是她第一次称呼他"巍哥"，带了些恭敬的语气，从前，她从来都是直呼其名。

他不置可否地笑笑，在她僵硬的目光下离去。她知道选择备胎是一件很可耻的事情，可她对他们的未来感到质疑，既不愿前行，也不愿后退。

新年过后是小谢21岁的生日，隋巍悄悄买了蛋糕，乔装成快递员送到她办公室。蛋糕里有一张便笺，写着晚上吃饭的时间地点。

拉低帽沿转身出门的时候，听见她在身后叫他的名字，他站定回头，看见她提着一袋东西倚在门边，表情里难掩内疚。

她将包装袋递给他，说："今晚我要回家跟爸妈吃饭，改天我单请你吧。哦，这是我早上买的抹茶泡芙，味道不错，你拿去尝尝。"

她不知是有意还是无意拒绝了他的邀约，可她的目光又格外真诚，让他觉得，过段时间她一定会履行承诺，单独请他吃饭。这一等就是半年，之前的表白和承诺仿佛被风吹进了云里，小谢所谓的单约又成了空头支票。

然而当他开车接送她时，她依然没有明确拒绝，甚至买来护肝片，提醒他应酬前服下。

隋巍感到深深地无力。她眼中的犹豫他看得分明，但他不忍逼迫她，只能默默等待她的决定。

6月，小谢大学毕业，顺利留在了实习公司，并随高管去北京出差。抵达第二天，她就收到了隋巍的短信。

他说：我来北京谈生意，你把酒店地址发我，晚上接你出去转转。

她对这种巧合感到好笑，可是隐隐地，却又有一丝期待。

一直等到小谢开完会，隋巍借了北京朋友的车带她去了后海酒吧区。

灯红酒绿的什刹海人声鼎沸，她吃着在路边买的糖葫芦，说："我不喜欢这里，太喧闹。还是喜欢香格里拉的古城，什么也不做静静呆在那里，都觉得是一件特别美好的事情。"

有车从后方驶来，他一把拉过她将她护在自己左侧。

她看不到他月色下目光缱绻，只听见他略带沙哑的声音自头顶响起："大城市有大城市的繁华，小城市有小城市的平静，只有看过山川河海、百态人生，才知道自己到底需要怎样的活法。走，咱们找个地方坐会儿去，来都来了，不感受一下岂不可惜？"

殊不知，小谢是真的不胜酒力。一杯玛格丽特都能把她喝到昏天黑地，他庆幸她遇到的是他，否则后果不堪设想。

当他将醉醺醺的小谢送回房间，看着面前女孩安静柔和的睡颜，心里突然有种波涛汹涌的震撼。

他恍然意识到，或许小谢对他并非无感，不然，以她这种自我保护意识极强的女孩子，即便在醉酒状态下也会尽量保持清醒，而不是安心地靠在他的车座背椅上，一觉睡到天亮。

——那是源于她内心的安全感，当对一个人感到足够信任，才会拥有这份隐匿的踏实。

静默片刻，他从兜里掏出一个锦盒，打开，将下午在卡地亚买的铂金指环套在了她的无名指上。

"谢云琪，我爱你。从见你的第一面起，我就知道我爱你。"

那是他第一次唤她的全名，然而可笑的是，从始至终，她都没有告诉过他这个名字。

她只说她叫小谢。小谢，《聊斋》里善良痴情女鬼的名字，可是他这样叫她，却像是在称呼一个陌路的故人。

小谢不知道，她实习的单位与他们公司有直接合作业务，隋巍其实很早就见过她。

她刚进公司时是年尾，二十几个人参加的 KTV 迎新会，他在角落独自喝酒，她在中央光芒四射。她唱了一首《富士山下》，包房里灯光昏暗，无人发现她眼角的晶莹，那一刻，他听见自己如打鼓般的心跳，带着铺天盖地的疼惜。

夜深了，隋巍替小谢掖好被角，摸了摸她的脸，动作轻柔得像是不敢触碰。缓缓走出去锁上她的房门，他靠在门边伫立良久，末了，终于转身离去。

7.

第二天一早，当小谢看见无名指上的戒指时，起先是慌乱，思忖昨日发生的一切，又渐渐平静了下来。

戒指她当然是不肯收的，退回的过程也完全在隋巍的意料之中。他不甚在意地笑了笑，随手将那枚闪闪发光的圆圈扔进了路边草丛。

“你干吗？疯了吧你！”她急了，跳进草丛不管不顾地翻找。

他一把拉过她，摊开手，掌心里赫然躺着一枚小小的指环。她惊讶地抬头看他，可他仍旧是那副云淡风轻的表情，眼里却有化不开的柔情。

他咧开嘴，嗓音沙哑低沉：“送出去的东西，哪有收回的道理。要处置也该由你来，拿着吧，留与不留，全凭自己的心。”

她终究还是留下了指环。明知不该，却也心有不甘。可这指环仿佛千斤重，仿佛承载着一个巨大的承诺，令她惴惴不安。

回到昆明，一切照旧。

中秋节那天，小谢接到了大洋彼岸的电话。那个曾经熟悉又陌生的男人开门见山道："云琪，中秋快乐啊。最近跟你男朋友不错吧？"

她一愣："男朋友？"

"是啊，去年我给你打过一个电话，一个男人接的，说你已经睡了。我还在想你们这速度够快的，怎么，听你这语气，分了？"

"……"

小谢和隋巍的关系仿佛陷入一场拉锯战中。她拒绝他再来接送，也拒绝他送的一切礼物。他日日等在楼下，她却避而不见。

她知道自己的做法幼稚而又任性，可是，喜欢和爱都不是隐瞒欺骗的借口。

是，他曾救过她的命，陪她感受大千世界不一样的风情，她感激他，信任他，只是他不该让她在前男友那里失了面子，更不该看她像个傻子一样，将一颗心的信任全盘托付。

韩春深撕开了这层遮羞布，让她的窘迫无处遁形。或许，她无法面对的，不过是自己对于这段关系的摇摆不定罢了。

起初隋巍并不知道原因，多方打听得到了她的消息，她已从公司辞职，去了香格里拉。他二话不说连夜开车去找她，通过车载导航定位搜索，终于在离奔子栏不远的地方追上了那辆疾驰的车。

同一时刻，小谢也看到了身后紧随的路虎。踩下油门的下一秒，短信提示音响起，她下意识地往副驾驶座位摸手机，山顶突然传来巨大的崩裂声。

还未反应过来，只觉得身后一阵巨大的撞击，飞沙走石过后，她趴在方向盘上失去了知觉。

8.

后来有很长一段时间，小谢的大脑处于空白状态。她记不清很多事情，却依然记得隋巍的笑容，痞气的，孩子气的，温柔的，深情的。似乎每一个都是他，却也似乎都不是他。

那一天，她被隋巍的车迅速顶出十米，虽然撞到了旁边的护栏上，却避开了山体掉落的巨石，气垫瞬间弹出，保住了性命。而他为了救她，将自己送入险境，成全了她最后的尊严。

信箱里有一条未查看的信息：小谢，我知道我逾越了。可是我爱你，在你还不认识我的时候就爱上了你。我想和你在一起。

她捧着手机，在深夜的特护病房里失声痛哭。

她想起隋巍说过的话，一个人是否爱你，他的眼睛不会骗人，他看向你的目光也不会骗人。

从前她不懂，如今却如醍醐灌顶般明了。

那种光芒散发着巨大的能量，像火，又像太阳。那是以生命为誓的颂歌，为爱而生，向死而活。

是的，隋巍没死，可是，她却再也没有见过他。据说他的家人将昏迷的他接走，从此，便失去了音信。

小谢如同忘记了一段过往，继续按部就班生活，只是无名指上多了一枚铂金指环。

同事们总能看到她发呆时下意识地摩挲那枚指环，猜测或许这其中有着怎样的故事，然而她总是笑笑，前尘往事一概不提。

临近春节，她被派往北京出差。工作的事情结束，她收拾好东西，独自前往后海。

还是上次隋巍带她来过的那家酒吧，熟悉的场景，如今却物是人非。

驻唱歌手在唱陈奕迅的粤语老歌，“你还嫌不够，我把这陈年风褛，送赠你解咒。”

喝了口干白，十几度的仙粉黛，她被呛得泪流满面。

隋巍，隋巍……

她闭上眼喃喃自语，却听见一个微微沙哑的声音自头顶响起，带着轻浅的责备，铺天盖地席卷了她的神经。

“没酒量就别逞强，一个女孩子，大晚上的来这种地方喝酒，考虑过危险性吗？”

巨大的身影阻挡住她面前斑驳的光，她不敢相信自己的耳朵，失魂落魄地抬起头，明明是逆光，可是他的脸，他的轮廓，却显得那样清晰。

“谢云琪，我想了很久，也消失了很久，可最终还是决定来找你。”他拉开椅子，在她面前坐定，“不过，那次车祸给我的腿留了点后遗症，可能以后没办法陪你爬山或者做一些危险运动了，这样的人重新追你，你会介意吗？”

他的眼里仿佛有星辰和大海，她抿了抿嘴，还未擦干的泪，却再次落了下来。

坦桑尼亚：坠落孤岛的鲸

我在江边坐了整整一晚，夜风吹得我的脑袋昏昏沉沉，心里却如明镜般清醒。

天色蒙蒙亮起来的时候，我起身，抖了抖几近麻木的腿脚，打开微信，找到那个熟悉而又陌生的头像。

叮——

语音提示，信息发送成功。

十秒钟过后，我看见远在非洲的你的回复，短短两句话，却让我瞬间崩溃。

你说：瑾言，我感激你。可你值得有更好的生活。

这是我曾劝慰你的话语，如今，却变成了你口中的诀别。

我想起很久以前问过你的一句话，爱一个人究竟是一种怎样的感觉？

你说爱一个人啊，就像鲸亲吻孤岛，明知无望，却依然奋不顾身搁浅。

罗羿，你不知道，我做的所有的梦都关于你。

你来的那日，冰雪融化，春天刚好也在。

1.

我抱着小杏仁坐在马路边。小小的它蜷缩在我的怀里，眼皮低垂，像是在诉说它对即将离别的不舍。

大街上人来人往，每个路过的人都会多看我一眼，顺便看看我怀里这只脏兮兮的黄色小狗。

可是，那么多的人走过，却没有一个人上来询问我是否需要帮助。

只有你，罗羿。你走过来，蹲在我面前，看着我怀里的小杏仁，眉眼间写满了怜惜。

你问我："这小可怜怎么了，蔫巴巴的？要不要去医院看看？"

然后你带着我去了桥西区最有名的宠物医院。我也不知道我为什么会跟着你走，可是你身上有一种让人安心的力量，仿佛跟着你，就可以看到光亮。

检查结果出来，小杏仁身上多处骨折，心肺挫伤，要救治的话，需要花费很大一笔钱，而且，还不一定能救活。

医生建议："做个安乐死吧。不然，它受罪，你们也烧钱。"

我看着安静趴在桌上的小杏仁，一屁股坐在地上，忽然间号啕大哭。

"小杏仁啊，你是姐姐的命啊！可是姐姐没钱给你治病，姐姐对不起你啊……"

我唱戏一般号了半天，恍惚间似乎听见你轻声地叹息。大概三秒钟之后，你说:“医生，需要多少钱？我出。”

我泪眼蒙眬地抬起头，这才认认真真地观察了一下你的长相。你长了一张偏欧式的脸，眉骨突起，眼窝微陷，笑起来的时候，唇边微微勾出一道法令纹，看起来绅士而又迷人。

都说善良的人面相端正，你长得这么好看，上辈子一定拯救过银河系！

我特别自作多情地想，当初你在人群中多看了我一眼，一定是被我楚楚可怜的眼神所吸引，继而生起了强烈的同情心。如果不是因为想来跟我搭讪，怎么可能舍得自掏腰包花费重金救助这么一只脏兮兮的小狗呢？

后来我才知道，你是WWF（世界自然基金会）的成员，也是本市流浪动物救助中心的发起人之一。

所以，当初你在人群中多看的那一眼，并不是为我，而是为了小杏仁。

这个理由真是酸爽得让我想要流泪。我的面子，竟然还不如一条狗！

2.

接小杏仁出院那天，我打电话说要把小杏仁的医药费还给你。你大概也知道，三千多块钱的药费对于我一个学生来讲，确实是一笔不菲的金额。于是你淡笑着拒绝:“做好事不求回报，就当爱心人士救助流浪动物了。”

我想了半天，实在无以为报，只得死皮赖脸邀请你吃饭。你犹豫了下，最终还是应允。

罗羿，我一直都没有告诉过你，其实小杏仁根本就不是什么流浪狗，它是我前男友许嘉陆从宠物市场买来送给我的生日礼物，我们一起在校外的合租房养了两年，却也成了他临走前留给我的最后的念想。

他作为交换生去了新加坡。我像妻子目送即将远行的丈夫，心心念念等待他归来，却等来了他在异国另结新欢的消息。

我就像一个浸泡在狗血中的杯具，连哭，都失去了勇气和力气。

那是我最难熬的一段时光，逃课、酗酒、泡吧……每天过着醉生梦死的生活。我想装作云淡风轻，可我真的做不到。

我的胸膛里有一颗看似强悍的玻璃心，风一吹就倒，一落地就碎。

是小杏仁的陪伴，让我渐渐走出低谷。可我是那样粗心大意，一周前带它出门时走散，几天后找到它时，它已浑身是伤，奄奄一息。

我当时钱包被偷，身无分文，一个人傻子般坐在路边，整个人被铺天盖地的绝望淹没。

仿若绝境逢生，老天爷让我遇见了你。

你越过人群，就像《大话西游》里踩着七彩祥云的至尊宝来到我面前，你的眼里有山川河流，身后霞光万丈。

我抬头仰望你，仿佛突然间看到了整个宇宙。

我们去了市里唯一一家喵星人主题餐厅，店里的装潢和摆设都与猫咪有关，一只金吉拉懒洋洋地趴在收银台上，整个氛围静谧而又美好。

吃饭时，你跟我提起WWF，提起你们几个朋友成立的流浪动物救助中心，提起你以前养过的猫咪。

你在谈及公益事业的时候，嘴角扬起，眼神格外坚定。

我觉得有些不可思议，问你："是什么推动你做公益的？"

你沉默了一下，缓缓开口："因为一个人，她让我的内心变得柔软而又富有爱心。"

你的眼眸微微低垂，我却看到你眼中的光，比任何时候都要明亮。

我没有再追问下去，因为我突然一点都不想知道，你口中的她，对你来说究竟有着怎样的意义。

吃完午饭，你带我去了城西一家非常隐蔽的私人画廊，名叫"孤岛"。

整间画廊都在一座老房子的阁楼上，木质的阶梯清晰可见年代留下的烙印，一脚踩上去，吱吱呀呀响个不停。

午后的画廊冷冷清清，大大小小的作品用白风色木框裱好挂了满墙，可是不论油画、铅笔淡彩还是水墨画，风格都极为写意，几乎都要用发散思维来想象画中的风情。

我站在一幅油画前，画里的影像似人非人，像是一个腰肢柔软的少女在跳舞，又像是一只飞鸟张开翅膀坠落岛屿。

画的右下角有一个漂亮的花体签名：羿。

我惊讶地望向站在不远处的你，而你迎接着我的目光，轻轻点头微笑。

“没错，瑾言，这是我的私人画廊。我在去WWF之前，曾是一名业余画手。”

那天下午，我成了你的御用模特。

我没有摆出任何pose，只是安静地坐在画板前，看你拿着调色盘和画笔时认真的表情，心底暖意袭来。

你不求回报救了和我相依为命的小杏仁，还耐心地为我画人像，这样充满善意的相遇，真是老天爷最好的恩赐。

3.

国庆节前夕，你突然打电话说要办一场小型画展，所有募捐善款全部捐助给流浪动物保护基地，问我能不能提前过去帮帮忙。

这简直是我的梦想，我怎么可能不答应？

怀着一颗要见男神的爆棚少女心，我精心涂了个大红嘴唇，踏着五厘米的高跟鞋颠颠儿地就去了。

我一起带去的，还有你为我画的那幅人物肖像。那幅画里，虽然鼻子眉眼不及我50%的相似度，可我依然非常兴奋。你是一个充满爱心的业余画家，我自然要帮你把爱心传递下去，努力为社会做贡献。

只是我没有想到，你所谓的帮忙，竟然是让我踩着梯子挂画框！

我的脑袋轰隆一声，看了看脚上的高跟鞋，张张嘴刚想说些什么，却在你温和而又期待的注视中没有了原则。

你似乎也注意到了我的穿着，问我是不是不大方便。我拍拍胸脯，义薄云天道：“没事儿，我高跟鞋穿惯了，以前还穿着这个爬长城呢。放心吧，我脚力老好了。”

自己给出的承诺，跪着也要做完。

于是，整整一天，我像个汉子一般扛着各种装裱好的油画爬上爬下，累得头晕眼花。

收拾工具的时候，我在一处角落里发现了几把二十厘米长的美工刀。

我惊讶地问你：“你买这么多美工刀干吗，要拿出去卖吗？”

你淡淡地笑：“你削铅笔不用美工刀，难道要用菜刀吗？”

傍晚的夕阳染红了半边天，我踢掉高跟鞋，坐在阁楼的地板上歇脚。你走过来递给我一瓶水，说：“瑾言，谢谢你。”

你望向我的目光那样真诚，眼底像是燃了一团火，铺天盖地将我淹没。

我喝着矿泉水，水里没有一滴酒精，我却觉得自己醉了，还醉得不轻。

画展办得非常成功，除了你 WWF 的好友，很多热心的动保人士都前来捧场加油。你为我画的油画被一个书卷气息浓厚的眼镜男买走，真的要与它说再见时，我终究有些不舍。

你安慰我：“没关系，以后我再为你画一幅就是。素描淡彩或者油画，你想要什么样的都可以。”

我不好意思地挠了挠头，心里却像灌了蜜，满满都是甜腻。

当日拍卖金额过万，狭长的画廊楼上楼下被挤得水泄不通。

你用画展拍卖筹得的善款买了狗粮，全部捐给了市郊的一家流浪狗救助中心。

人群终于散去，日暮向晚，你带我吃完烤肉，问我愿不愿陪你去个地方。

就这样，我跟着你，看见了浩瀚的宇宙星河。

我们沿着长峪城石头砌成的山路攀爬，终于到达水库，这里三面环山，眼前却是平缓的水域，一望无垠。抬头，星河荡漾，即便不用望远镜，也可以清晰地看到北斗星闪烁的光芒。

你闭上眼，双手伸展张开，仿佛在拥抱夜风里的花香。我听见耳畔传来你近似于呢喃的声音："瑾言，你知道吗，天上的每一颗星，都是一个不灭的灵魂。站在离天空最近的地方，可以听到它们说话。"

我望着你的侧脸，忽然想写一个故事。

故事里有山水，有花香，有星辰宇宙，当然，还有你。

4.

不忙的时候，我都会去你的画室坐一会儿。有时你正在阁楼作画，整个人完全沉迷在创作中，我便脱掉鞋光着脚坐在一旁，一看就是一下午，直到余晖都落幕。

元旦时我想约你去听音乐会，打你手机始终无人接听，第二天收到回复，才知道你去了肯尼亚，已经走了半个月。

我心底瞬间凉了半截，为什么这么久了，我却全然不知道？

舒缓了下情绪，我故作撒娇般地问你为什么要与我不告而别，却在听到你淡淡的微笑声后，恍然惊觉自己的逾越。

这半年，因为小杏仁和共同的爱好，我们联系颇多。大片上映时我会邀请你看电影，你找到好的餐厅也乐于与我分享美食。

于是我混淆了我们之间的关系，误以为恋人未满，也算爱情。

我沉默了足足一周。这七天，我断绝了跟你的所有联系，因为我忽然不知道，应该以什么样的姿态面对你。

可你并没有给我太多暗自揣测的时间，一周后的一天，你突然出现在了我面前。与你一同回国的，还有一枚非洲狮的犬牙。

你告诉我，你此行随 WWF 一起去非洲考察野生动物的生存状态，那头被猎杀的雄狮就是控诉人类罪行的最好证明。它的牙齿将被展示在博物馆里，用作教育人类保护野生动物的科学示范。

说完，你拉过我的手去触摸那颗被塑封起来的犬牙。你的手指温热，覆在我手背上，烫得我的心一个激灵。

挂满日式红灯笼的居酒屋，端上桌的鳗鱼寿司是由料理长一个一个亲手做出。你为我倒了一杯清酒，端起杯来一饮而尽，你说，这是为“不告而别”赔罪。

我笑得格外生涩，开玩笑般问你：“我们是什么关系，让你有理由向我告别？”

我知道这句话问得幼稚又不合时宜，可我想知道答案。这半年，你对我，究竟有没有半分情谊？

你沉默，眼底的光芒复杂而又滚烫。

许久后，你终于缓缓开口："瑾言，我这个人缺点很多，跟我在一起，是有风险的。"

那时我并不明白你所谓的风险究竟是何意，我以为你在担心你 WWF 志愿者的身份，要长期前往原始地带，所以存在安全隐患。

但我一直都是那么乐观的女生，倘若你不够相信我们的未来，我自然要让你相信，我有能力带你"脱离苦海"。

我说："你有没有听过这样一句话，最合适的感情，永远都不是以爱的名义相互捆绑和折磨，而是彼此陪伴，成为对方的阳光。罗羿，我要成为你的阳光。"

大概我信誓旦旦拍着胸脯安慰你的样子实在搞笑，你看着我，眼睛不自觉地弯成了月牙儿。

那一夜的梦太美，我沉醉得彻底，至今记忆犹新。

而此后的很多年，我却再也没有遇见过这样的一个夜，你我再也不会敞开心扉对坐饮酒，像是要把一生的圆满，都在这杯盏中度完一样。

5.

自从我成了你的御用模特，你上了瘾，我也上了瘾。

你为我画了很多肖像，家里的书柜里攒了厚厚一沓，我的很多朋友都看过，但他们都说，画里唯一跟我相像的地方只有眼睛。

他们打趣，这一定是个半吊子画家，学基本功的时候只练习最难描绘的眼睛，所以现在才有了如此大的反差。

我默不作声地将装订好的画本收了起来，转身给你打电话，约你去听交响音乐会。

肖斯塔科维奇的《第二圆舞曲》堪称前苏联铜管协奏曲中的经典，画面感太强，让人不禁联想起莫斯科红场上万人群舞的壮观。

你的手指在扶手上轻轻打着节拍，我一只手悄悄靠过去，触碰到你的指尖。

你没有闪躲。

日子在五彩斑斓的时光中辗转，所有人都以为我是你形影不离的女朋友，你从不反驳，也不承认，而在我眼里，便成了默许。

有一天阁楼里来了人，看起来文质彬彬的青年，皮肤却是古铜色，是长期被阳光洗礼的健康色。

你为我介绍，这是你在 WWF 的同事明德，目前在非洲工作。

明德笑道:“老罗你好福气啊，怎么全天下的漂亮姑娘都跑你这儿来了?”

他的眼睛望着我，嘴上却在对你说。

你笑骂他贫嘴，示意我上楼。

转身那一刻，我没有错过明德眼中的那一抹讶异，联想起很久以前你口中提起过的“某个人”，或许，他亦是从我眼中，看到了故人的身影。

明德走的时候已近晚上十点，我准备回家，却被你拦住。你哼着不知名的曲调，支起画板，备好调色盘，反常地要教我作画。

傲寒我们结婚，在布满星辰斑斓的黄昏。傲寒我们结婚，让没发生过的梦都做完，忘掉那些过错和不被原谅的青春。

我并不觉得这首曲调有多么动听，可是因为眼前唱歌的人是你，我便先入为主地选择了欢喜。

你画了一幅油画，女孩站在金色的麦田里回眸，五官全部模糊，唯有一双灵动的眼睛，连瞳仁里倒映出的白云和飞鸟，全都看得清晰。

我停下手中的画笔，轻声问你："爱一个人究竟是一种怎样的感觉？"

我就坐在离你一米远的斜后方，可你没有看我，没有回头。沉默片刻，你叹息般地说："爱一个人啊，就像鲸亲吻孤岛，明知无望，却依然奋不顾身搁浅。"

我笑笑，起身，一步一步靠近你。

"那么，罗羿，你愿做孤独的岛屿，还是固执的鲸鱼？"

这一次，你终于回头。我看见你的嘴角微微扬起，可笑意分明未达眼底。

你说："瑾言，等你到我这个岁数的时候或许就能明白，有时候做出一个错误的选择，还不如一切从未发生过。”

6.

临近毕业，我跟随实习公司去苏州做一个项目，不舍得将小杏仁寄养给宠物店，于是拜托你帮我照顾半个月。

好巧不巧的，就在我出差回来的头一天，接到了前男友许嘉陆的电话。

他说他回国了，要去探望一下他曾经的“孩子”。

毕竟小杏仁是他带回来的，我没办法将他拒之门外，只得带他一起前往。

只是我没有想到，一下飞机便直奔你家，再见小杏仁，却是这样一幅场景。

它浑身抽搐地躺在地上，而你一脸慌乱地看着我，眼神是前所未有的绝望。

我在宠物医院的手术室外站了整整三个小时，你始终愧疚地对我说抱歉。我木然地摇摇头，内心慌乱如麻。

医生说小杏仁误吞了大量药片，目前详细的检测结果未出，只是怀疑含有单胺氧化酶成分。

单胺氧化酶，是抗抑郁症的药物。

我想起在你画室里看见的那几把美工刀，忽然像是失去了所有力气，一屁股坐在了地上。

从前，我不明白你为什么需要这么多削铅笔的刀子，如今我终于知道，那根本不是削铅笔用的刀，而是你用来结束自己生命的工具。

罗羿，你隐藏得太好，几乎瞒过了所有人。倘若不是小杏仁玩闹时打翻药瓶又误吞了药片，谁也不会知道，你患有严重的间歇性抑郁症。

在外人眼里，你是上帝派到人间扶弱济贫的天使。可天使折了翼，他在人间不开心，于是选择逃离。

为小杏仁办理了住院手续，你开车带我回了画室。

那是我第一次，看见你的无助和脆弱。你坐在阁楼的地上，昏黄的灯光照下来，在地上投下一个斑驳的倒影。你闭眼靠在墙上，头发凌乱，再睁眼时，满眼都是急火攻心的血丝。

你告诉我，你得抑郁症是因为看到了太多的遗弃和杀戮，你拯救不了那些无辜的生命，亦没有一颗强大的内心。遇见我的那一天，你原本打算找个没人的地方结束自己的生命，可是看到了我，看到了小杏仁。你做不到熟视无睹，于是决定“多管闲事”，这才有了如今看似乐观的生活状态，以及与我的种种联系。

“瑾言，从某种意义上讲，是你救了我。”你说。

我终于知道为什么当初会被你吸引，或许是因为你温和气质包裹下的忧郁，让我没有来由地想要靠近和怜惜。

我不是救世主，也没有拯救苍生的决心，可我忽然不忍心看你继续沉溺在黑暗里。

我看着你，笑得苍白而又勉强。我蹲下，将那几把美工刀逐一收起来装进包里。

“罗羿，既然我选择了做你的阳光，就不会让你活在黑暗之中。你要相信我，更要相信自己。这一生，你值得有更好的生活。”

7.

你又要去南非了，这次是坦桑尼亚。

你们驻扎在那里的营地遭到自然灾害摧毁，你和志愿者团队要赶去救援。

不过你一定没有想到，你会在机场的海关遇见我。

没错，罗羿，我实在实在放心不下你，于是偷偷办理了护照，辞掉工作，打了疫苗，将小杏仁寄养在宠物店，然后买了和你同一趟班次的机票，就为在这里给你一个惊喜。

可在你看来，这显然不是惊喜，而是惊吓。

你疾声厉色地冲我吼：“林瑾言，你知不知道那是什么地方，为什么要这么任性？！”

我昂起头倔强地看着你，眼神坚定而又执着。我静静看着你：“我知道，可是你要去，所以我也一定要去。”

那是我第一次见你失控的样子，被我气得直抓头发。然而我的心里却有蔓延开的暖意，我知道你是在意我，所以才会生气。

我走上前，小心翼翼地从身后拥抱住你。你被我突如其来的“偷袭”勒得动弹不得，约莫过了一分钟，也或许只有十几秒，你僵硬的身体渐渐放松，半晌后，我听到你认命般的一声叹息。

你转过身来摸摸我的头，说：“走吧，该登机了。”

显然，我犯了一个极其严重的错误。

去南非的第二天，我出现了腹泻和痉挛的症状。大使馆来人将我送到了中资医院，我发着高烧躺在病床上，迷迷糊糊听着你和那些大夫的谈话，这才明白，我“幸运”地被昆虫叮咬，染上了当地最普遍也最难治疗的病——疟疾。

我不知道我的病有多严重，但是从你惨白的脸色和一系列的检查可以断定，我可能没办法留在这里陪你了。

还没随你一起领略非洲草原的辽阔，便要和你说分离，我始终情绪低落，就连偶遇长颈鹿都没什么好心情。

治疗一周后，我的症状终于有了些许的好转。我央求你替我办了出院手续，执意要去驻扎地体验一下你曾经历过的生活。

营地不远处就是广袤无垠的塞伦盖蒂大草原，夜风轻和，偶然还能听到兽群低沉的嘶吼。

我紧紧拉住你的手，像在握着举世无双的珍宝。我小心翼翼地问你：“你可以跟我一起回去吗？”

你默不作声地轻轻抚摸我的头发，眼底的光忽明忽暗。

我知道你不忍心开口拒绝，于是笑了笑，更加坚定地握了握你的手：“没关系，罗羿，我等你。我给你三年的时间，如果你不回来，我要么过来找你，要么孤独终老。”

8.

我断掉了跟你的一切联系。我知道你需要空间，我也一样。

只是，与你别后那整整一个月，我的耳机里疯狂循环着马頔的《傲寒》。

“傲寒我们结婚，在布满星辰斑斓的黄昏。傲寒我们结婚，让没发生过的梦都做完，忘掉那些过错和不被原谅的青春。”

马頔的声音沧桑中带着平静的绝望，就像你的画，即便多么明媚的色调，却总是彰显出一种难以言喻的荒凉。

记得在坦桑尼亚的最后一晚，我指着挂在墙上的一幅素描淡彩，问你：“那个女孩……她现在在哪里？”

你顺着我手指的方向望向墙壁。

发黄的画纸像是尘封了一整段记忆，画上的女孩五官模糊，只有一双明亮的眼，瞳孔里有广袤的草原。

你的眼神黯淡下去。顿了顿，你说：“不在了。”

那晚我一宿没睡，数着星星，睁着眼睛到天亮。

看着墙上五官模糊的女孩，想起你为我画的画，我一时间百感交集。

罗羿，其实我早就知道，你画的根本不是我。

那是你多年来难以放下的执念，那是你年少轻狂时留下的遗憾。

几年前，你和同为志愿者的她一起来非洲做动物研究保护工作，原本打算在这里做完三年的研究课程，便回国结婚。然而你没有想到，她因为保护一头非洲幼象，死在了盗猎者的枪下。当时你距她不到十米，眼睁睁看着她倒在面前，伸出手，却只触摸到无尽的鲜血。

从此，你的眼里再无大海星辰，你孤独而又愧疚地守着她的灵魂，墓碑旁的荒草生了根。

直到你遇见我，一个笑起来眉眼相似的“替代品”。

你一厢情愿地沉溺在自己的幻觉里，以为自我催眠便可当作从未发生。我无法阻止你坚守梦境，便只能陪你把这场梦做完。

临近新年的时候，我遇到了明德。

我们坐在素食馆里安静地喝茶，像老朋友一样诉说彼此的近况。他提起了你。

他说你像是变了个人，忽然爱上了唱歌，还总是唱些冷门的民谣。不过大部分时候你都是一个人静静坐着，有时候翻看手机，似乎在等待什么人的信息，可是那个人仿佛消失了一般，再也没有跟他联系过。

我面无表情地听着，良久后，终于缓缓开口：“罗羿……还在画画吗？”

“没有，他再也没有画过任何东西。”明德喝了一口茶，眼底带着无限深意。

分别时，他给了我一块鲸鱼形状的乌木雕，他说，非洲人没有见过鲸，这是他专程托人照着图片雕刻的，连背鳍细致的纹理，都雕琢得精细无比。

我笑着道谢，转过身眨了眨眼，眼泪没有落下。

9.

夜已深，飞往肯尼亚的航班在绛紫色的夜空缩影成一颗明亮的光点。

坐在隔壁的一对夫妻已酣然入睡，两人拉着手，在寂静的夜里相互依偎。

罗羿，我要食言了。

当初离开时与你定下三年之约，然而回国还不到一年，我却有了再次去找你的冲动。

临行前我发信息告诉你我的这个决定，你一宿未睡，不知是该开心，还是该难过。

你说我是世上最美好的姑娘，值得过上最美好的生活。可是罗羿，我喜欢你，我想变成阳光陪伴你、拥抱你。这本身就是一个没有任何选择性的命题。

而我最好的生活，就是你，此生，也只有你。

你是大海中绝望的孤岛，我是不顾一切向你靠近的鲸鱼。

你眼中的山川河流是我一生遥不可及的梦境，可我依然心甘情愿搁浅在你的海岸，闭上眼，就能看到布满星辰的黄昏。

威海：薄暮终将乘风去

盛夏的气温越来越高，我背着巨大的行囊四处辗转，颠沛流离。

我在寻找一个人，一个我深爱着却弄丢了的人。

他有着春风般温暖和煦的笑容，声音柔软清澈，一双漆黑清亮的眼睛仿佛深夜里寂静的大海。他曾告诉我，那是属于我的海洋。

所以，当我看见“MARVEL 乐队今夜再掀音乐狂潮”这张海报时，我呆呆地站在人群喧嚣的大街，一瞬间，心底的防线轰然坍塌。

罗弋杨，真的，好久不见。

1.

或许对于很多女孩子来说，18 岁是个很美好的年纪：刚考上了大学，无忧无虑地谈个恋爱。然而对于我来说，却是一场不堪的噩梦。

我失恋了，被校长家的公子哥抛弃了。我得了焦虑症，终日魂不守舍，严重到了不得不休学的地步。

请了三个月的病假，离开学校之前，那位看起来慈眉善目的陈校长只对我说了一句话。他说，“苏惊蛰，我能理解你在感情里的无奈和冲动，但你和薄云不是一个世界的人，希望你认真考虑一下，不要耽误他的前程。”

我心灰意冷地收拾东西准备离去，原本想跟我的男朋友陈薄云好好谈谈，然而，这个让我飞蛾扑火般深爱着的男孩，在将我送到校门口时只是淡漠而又无奈地对我说，“惊蛰，是我对不起你，没能给你安全感。但你也有不对的地方啊！就因为我跟英语系的孟小霓一起吃了个饭，你就跑去莫名其妙跟人打了一架，这事人家家长都找来好几次了，非要一个说法。要不是我爸是副校长，把这事儿压了下去，不知道得闹到什么程度，我都快被我爸骂死了！惊蛰，我知道你不是那种死缠烂打的女生，你也体谅体谅我，好吗？”

见我不说话，顿了顿，他再度缓缓开口，“咱俩，就这样吧。”

陈薄云的声音那么淡漠，他永远都是这样理智清醒，短短几句话便将我未启齿的话语生生堵回心里。

也对，我也早就该想到他是这样的人，不过一场在他看来习以为常的游戏，我却当了真。

于是我只是苍白地冲他笑了笑，再不去看他终于泛起愧疚和哀伤的眼光，只是转身留给他一个坚定而萧瑟的背影，一步步决绝而去。

有人说，女孩子的苍老都是从心开始，从眼里浮现。当我反复望着镜子里那个眼神薄凉的女孩，突然发觉，自己，似乎已经开始慢慢变老了。

我对妈妈说，我想出去走走，休息一段时间。她没说什么便答应了，只是临走前对我说，“这世上没有谁离不开谁。人首先要懂得珍惜自己，好好生活着，爱才有所附丽。”

我曾以为，当我爱到失去全部勇气和力量，对于未来和人生，便可以做到云淡风清，随遇而安。

只是我忘了，这世上有一条红线叫作“缘分”，有一种爱情叫做“重生”。

那是 2014 年时，我生命中的一场奇迹。

罗弋杨，如果没有遇见你。

2.

人潮涌动的威海火车站，我背着沉甸甸的行李缓慢移动于人海之中。身后有人拍拍我的肩，问我需不需要帮助，我转头，便看见一抹灿若朝阳的笑容。

清瘦白皙的男孩架一副黑框眼镜静静坐在我对面，白色 T 恤，工装裤。

再普通不过的一个人，可是当他笑起来时，那种仿佛参透着某种力量的笑容能让人一眼便记住他。

我没想到自己的座位号竟然能和这个热心助人的男孩挨得那么近。聊天时得知，他叫罗弋杨，是师大的美术系学生，喜爱偏执的凡·高，自己有一个小乐队，每晚游走于一些不出名的小酒吧。这次出来的主要目的是采风，为自己的毕业作品找找灵感。

说起来，他还是大我两届的师哥。

而我在学校，竟然从未见过他。

他说话时的笑容生动而灿烂，周围的一切似乎都能被他感染。我就那样呆呆地看着，一时间竟被晃了心神。

见我发愣，他又笑眯眯地开口道，来来，相识就是缘分。小师妹啊，把手机号给我吧，以后也好相互照应。

正说着，火车摩擦着铁轨慢慢停了下来。

大概是看出了我的犹豫和窘迫，他再次笑起来，起身拉起我，亲热地说："啧啧，看来我的搭讪方式还需要改进啊。走吧，到站了。"

我几乎是逃离一般地奔出火车站，在威海陌生的街头，淡出了罗弋杨的视线。

或许，这个男孩只是纯粹而真心地想要和我交朋友。然而，刚刚经历完一场背叛，缺乏安全感的我，根本不敢轻易信服于他人。

躺在海边粗糙的沙滩上，我头一次极其认真地回想我与陈薄云的一点一滴。

我给他织围巾，给他煲汤。他不开心的时候，从来都是我陪在他身边。而他却从来不曾问过我，我喜不喜欢，我愿不愿意。

我知道，陈薄云不爱我。爱一个人就不会对她不管不问，不会舍得让她流泪，也不会对着她的悲伤，毫不掩饰着自己眼中的清冷决绝。

哀莫大于心不死，万般可怜，只因一厢情愿。

所以，他仗着我对他的包容一次又一次地凌迟着我卑微的爱恋。而我却只能这般盲目而心力交瘁地爱着，只等所有的勇气和力气都被透支得干干净净。

那时我还不曾想过，在不久的未来，我竟会再度遇见火车上那个笑容明媚的男孩。

王菲的歌曲唱得真好：有生之年，狭路相逢，终不能幸免。

3.

再回到家的时候已经快开学了，恰逢市里举行动漫展。漫无目的地行走在人群熙攘的广场，突然有人从背后拍了拍我的肩膀，回头，便看到那张温和无害的脸。

罗弋杨笑得无比灿烂，“哎哟，咱俩走哪都能遇到，缘分啊。”

Cosplay的表演很精彩，男孩女孩穿着花花绿绿的服饰在舞台上卖力跳舞，我看着，听着，转头望向身旁安静微笑着的罗弋杨，我笑了笑，心里忽然泛起一片柔软。

晚上回去时，罗弋杨将我送到小区楼下，掏出手机一脸期待地看着我说，“你的号码呢，给我吧。都这会儿了还有啥不好意思的，回了学校也是抬头不见低头见，赶紧的，互加个微信！”

的确，有些事情，既然躲不掉，索性就安心接受吧。

交换完手机号，他突然笑眯眯地对我说，“苏惊蛰，我真的希望，明天对于你来说会是一个新的开始。好梦，晚安。”

我向学校申请转了专业，淡出了陈薄云的视线。

可是，我的生活却一点不孤单，因为有另一个人，以强势的姿态注入到了我的世界。

那段日子，罗弋杨三天两头来我宿舍楼下，要么托人送给我一盒泡芙或者巧克力，要么站在楼下喊我的名字，“苏惊蛰，我发现一个网红餐厅特别好吃，你快下来，咱俩下馆子去啊！”

于是，不到一周，几乎整个女生宿舍楼都知道，美术系有个瘦高的男孩，正在热烈追求 502 室的苏惊蛰。

我无可奈何，却也阻止不了，只能放任自流。

就这样过了一段时间，我们的关系依然没有丝毫进展。

他终于急了，捶胸顿足地哀嚎，“苏惊蛰，你是不是傻啊，看不出来我在追你吗？就因为‘一见钟情’这四个字，你看看我为你付出了多少！我这么照顾你，就算是报答，你以身相许一下会死啊？”

我依然沉默。我以为这样可以击退他的斗志，没想到他反而把追我这件事情当成了自己重大的责任，说是要拯救我于水火之中，让我尽快开心、乐观起来。

周末，他骑着车子驮着我满大街地去搜寻风味小吃，带着我走遍了全市的特色酒吧。天气那么热，汗水浸透了他的 T 恤，他却满是骄傲地说，如果这样能让我感动，他不介意自产自销地洗个澡。

于是，在他连续三个月的“威逼利诱”之下，我终于无可奈何，做了他的“压寨夫人”。

罗弋杨对我很是宠溺，他愿意陪我做任何事情，哪怕无聊，只要是我喜欢，他都会义无反顾地去做。

我们去拍立得体验店里拍照，小小的明亮的玻璃房，两张笑脸加在一起似乎便被定格为永恒。

老板问我，“今天你们拍了得有二十多张，要不要给你们做个小相册啊？”

我还没说话，罗弋杨站在一旁欣然点头，“要做要做，麻烦您设计得好看点，烘托一下我俩纯洁又美好的爱情，谢谢了啊！”

晌午，南锣鼓巷的文宇奶酪门口排起了长队。

他问我：“想吃吗？”

我点点头，却在看到长龙似的队伍后，又摇了摇头，“算了，人太多，不吃了。”

他笑了笑，揉了揉我的脑袋，转身前去排队。

我远远看着他站在阳光下的白色身影，仿佛融入了整个空气之中，美好得像是来自天外的使者。

我走过去，从身后拥抱他。

“谢谢你。”我说。

“谢啥啊。”他抓住我的手放在嘴边轻吻，“我对自己的媳妇儿好，那不是天经地义吗？”

4.

其实早在我认识罗弋杨时就该明白，像他这样开朗而又光芒四射的男孩，很少有人能够抗拒他的笑容，尤其是女生。

夏云珊就是他的追随者之一。当她在学校的元旦演出上看见抱着吉他自弹自唱的少年时，内心有一种情愫疯狂地滋生开来，即便知道他有女朋友，却依然不管不顾，誓要将他拿下。

我以为我可以做到熟视无睹。因为不爱，所以不会在乎。

然而那天，当夏云珊再次抱着她亲手煲的鸡汤来找罗弋杨时，我终于忍不住，跟她吵了起来。

“要不要脸啊你！当着人家女朋友的面嘘寒问暖，这不是勾引是什么？”

她神情间满是嘲讽的笑意，嗓门比我还大，“苏惊蛰，你以为大家都是傻子吗，你以为之前你在学校那些事儿大家都忘了吗？谁都看得出你根本不喜欢罗弋杨，不过是被人甩了不甘心，所以才来他这里寻找慰藉。你这样利用他对你的感情，不觉得自己更不要脸吗！”

内心瞬间如至冰窟。我脸色惨白地站在原地，耳边突然失去声音。原来，所有的人都已看穿我内心的残忍与自私。而从始至终，唯一一个自欺欺人的傻子，也只有我自己而已。

整个事件在罗弋杨的匆匆赶来后慌乱结束。夏云珊临走前俯在我耳畔轻声说，“苏惊蛰，等着瞧吧，好戏还在后头呢。罗弋杨不可能永远用你的错误来耽搁他自己，我劝你还是趁早放手吧。”

女孩的话像一把刀子狠狠插入我支离破碎的心口。我转过头望向罗弋杨一脸关心的表情，一种不真实的自卑和无措油然而生。沉默半晌，我终究还是苍白地冲他笑笑，说，“我想去超市买点东西。”

然而，从沃尔玛出来时，那么多的结账口，我却偏巧站在了陈薄云的对面。当我意识到时，想走已经来不及了，他似乎也看见了我，拨开人群疾步走到我面前。

陈薄云伸出手，似乎想像从前那样摸摸我的头。然而，当他看见我与罗弋杨紧紧相扣的十指，突然像被定住了一般愣愣站在原地，良久，终于浅笑着开口，“惊蛰，你最近还好吧？”

我勉强挤出一丝笑容，“挺好的。”

掌心不知何时早已渗开一片潮湿，而罗弋杨似乎也感觉到了不对劲，于是握住我的手更加用力。我没有再同陈薄云说什么，我甚至不敢问他一句“你呢？”。

那天回去的路上我一直很沉默，罗弋杨什么也不问，只是更加小心地握住我的手，陪着我一条街一条街漫无目的地走下去。

直到走到我家楼下，他突然对我说，“惊蛰，我在火车站见到你时，就知道你一定有着许多难言的伤痛。你的眼底有一种漠视一切的沉寂，似乎对什么都不在乎。可是，你不知道，有那么一刻，我真的特别心疼。我很想上去抱一抱你，给你一个支撑的依靠。哪怕，这点力量是那么的微不足道。”

望着男孩认真而坚定的表情，我的眼泪终于流了下来。

我说：“罗弋杨，我给你讲个故事吧。

“在认识你之前，我被一场自以为是的爱情折磨得遍体鳞伤。我冲动易怒，打伤了我男朋友的追求者，事情闹得很大，我相信，你应该也听说了。说是因病休学，其实是我男朋友的父亲，也就是咱们的陈副校长，亲自找我谈话，让我回家。

“那天，我淋了一场雨，在雨中站了三个多小时，然后昏了过去。而从我生病到转专业的这段时间，他从未看过我，一次也没有。

“我有一段不堪的过去，还有连我自己都猜不透的未来。我这样的人，做过那么多错事，还有那么多放不下的执念……你，能接受吗？”

他走过来拥抱我，下巴轻轻放在我的头顶。他说，“傻姑娘。好吧，那我也给你讲一个故事吧。”

就是在那天，我才知道，火车站并非我和他的初遇。我在操场后的小树林里喂两只流浪猫，而他恰巧经过，他从此开始关注我的一举一动。

“那时我就觉得，这个姑娘怎么这么善良。”他抱住我，喃喃道，“得知你打架的事情，我很震惊，我觉得一个如此善良的姑娘不可能有这么激烈的举动。但是后来我得知了前因后果，又看见陈薄云和那个女孩一起去喝咖啡，我突然特别理解你的心情，虽然我并不支持你使用暴力的行为。不过，以后，这种事情应该不会发生了。有我在，我不会让任何人欺负你，包括我自己。”

寂静中的温暖拥抱，男孩清冽的气息扑面而来。

我伏在他宽厚的胸膛，闭上眼，我轻声道，“罗弋杨，谢谢你。其实遇见你，是我这么久以来最快乐的事情。”

5.

有人说，爱情的最高境界是经得起平淡的流年。一辈子那么长，我们大概总有一点对永远的奢望。

我问罗弋杨要来了觊觎者们送给他的礼物，当着他的面，全部丢入垃圾桶。

我叉腰瞪他，表情十分“凶狠”，我说，“罗弋杨你给我听好了，你这辈子是我的，下辈子还是我的！要敢不从，姑奶奶我打断你的腿！”

不知道是不是受了夏云珊的刺激，未等他开口允诺，我的内心忽然腾起一股更疯狂的情绪。我猛然撕开自己的衣服，将他扑倒在地疯狂地吻他。

大概从未想过我会有如此激情的一面，他先是一愣，紧接着便反应过来，迅速钳住我的胳膊，阻止我的继续疯狂。

他小心翼翼地将我包裹在怀里，姿势轻柔而又珍重。男孩望着我，眼神宠溺得像是能滴出水来。

他说，“惊蛰，你不需要用这种方式来证明什么。你只要知道，你是我愿意用一生来守护的珍宝，这就够了。”

日子一天天过去，连我自己都惊讶，转眼，我与罗弋杨竟已走过一整个春秋。

我们一起吃饭，学习，逛街，拿着相机四处拍照。彼时，我无比庆幸自己终究没有错过这个男孩。而我笃定地相信，罗弋杨永远不会离开我。

然而我忘了，世上无人是天使。我总是仗着他对我的宠溺与包容为所欲为，却不曾想过，终有一天他也会累，也会疲惫。

罗弋杨的生日是在七月初，他22岁的头一天下午，我去照相馆将裱好的油画拿了回来。

《向日葵》，凡·高的经典。我从一个月前开始偷偷画起，一遍一遍地临摹，上色，补色，很累很辛苦，整个过程却甘之如饴。

回去的路上，手机突然疯狂地振动起来。看着那个熟悉而又遥远的号码，我本犹豫着要不要接，然而当我拿起电话，听着那头陌生的声音，整个人如五雷轰顶，呆怔片刻之后，疯了一样地向市中心医院奔去。

我没想到陈薄云会出车祸。当警察从他的电话记录里找到我的号码时，我还不知道，他始终将我的号码设置成快捷拨号，而称呼，竟然是“宝贝”。

那一刻，我突然有些恍如隔世的感觉。

宝贝。我曾奢求了那么久的两个字，我们在一起时他都不曾开口叫过。他把自己隐藏得那么深，深得我甚至以为他对我毫不在乎，却偏要等到一切都尘埃落定，才跑到这来扰乱我的生活。

心烦意乱地站了一会，我终于下定决心。陈薄云毕竟是我爱过的第一个人，纵然现在已经无关爱情，可当他徘徊在生死边缘，我依旧无法做到视而不见。

我全身发抖地替他办理着各种手续，却独独忘了，这个时候罗弋杨正和一堆人等着我，准备庆祝他的22岁生日。他曾经神秘兮兮地告诉过我，有惊喜在那里等着我。

本想着在确定陈薄云没有生命危险后便离去，然而，祸不单行，当我办完手续踏上急诊室的最后一级阶梯时，一个人影突然从走廊的拐弯处冲出来直直撞到我身上。

我避而不及地被他重重一撞，直挺挺地向后栽去。

6.

整理好已是半夜11点。我没有内伤，没有脑震荡，只是脚被扭到，胳膊和腿擦破了皮。

我强忍着剧痛从病床上爬起，一瘸一拐向外走去。这才想到，来时走得太过匆忙，那幅油画，被我落在了出租车上。

我没有去找罗弋杨，不知该怎样解释，不知该怎样面对。然而当我浑浑噩噩地走到小区楼下，看见那个熟悉而落寞的身影时，我愣在原地，腿像灌了铅，抬都抬不起来。

看见我，罗弋杨微微松了口气。他没有问我去哪里了，而是说，“我等了你六个小时，总算是回来了。”

那一刻我突然感到无比愧疚。我不敢看他的眼睛，只怕迎上他双眼的那一刻，眼泪便会止不住地落下来。

我知道罗弋杨并不是不想问我去了哪里，他不予逼迫，只是在等我自己解释。于是沉默半晌，我终究还是轻轻开口，我说，“弋杨，我不是故意不去的。陈薄云出了车祸，我在医院……对不起。”

我知道他并不想听那三个字，可我不知道此刻的我还能说些什么。

罗弋杨看着我空空的手，眼底隐藏着某些我看不懂的东西，他惨淡又讽刺地笑了笑，“我满心欢喜地布置好一切，以为自己还有机会向你求婚，结果呢，我得到了什么？你的生日礼物，还真是一个‘惊喜’。”

我猛地抬头看他，他的话令我瞬间如至冰窟。我知道他在等我解释，但我最终选择沉默。

黑夜中，他没有看见我身上的擦伤，这让我稍稍放松了些，心里却更加不安。

对于自己受伤的事，我终究还是瞒了下来。虽然我明明知道，若是告诉他，他便一定会心疼和担心，甚至，他会原谅我。

只是，这是我与陈薄云之间的了断，我自己注定要承受的事，不需要罗弋杨来为我埋单。

午夜的风吹得格外薄凉。沉默半晌，他从兜里掏出一枚戒指，递给我，然后摸摸我的头，说，“惊蛰，之前跟你提过的惊喜，我恐怕不能兑现了。但是戒指都买了，也不能丢掉，送给你，留个纪念吧。”

我睁大眼睛不可置信地看着他，“你的意思是……分手？”

他叹口气，“我只是希望，能给我们彼此一些时间。等你哪天看清了自己的心，能够真正放下了，就来找我。因为，这样的爱情才不会有猜忌和缺憾。”

7.

罗弋杨仿佛从这个世界上蒸发了一般，就这样不声不响地离开了我，甚至，没有丝毫的不甘和留恋。

他屏蔽了我的微信，手机里永远只重复着一个冰冷的女声，提醒我所拨打的用户已关机。他在学校的床位空空荡荡，因为他毕业了，再也不会回来了。

我在七月的艳阳下失声痛哭。

罗弋杨，世界这么大，我们竟然总是能够遇到。然而世界又是这么小，明明一回首就能望见的距离，我却还是弄丢了你。

我开始习惯一个人。一个人吃饭，一个人逛街，一个人去教室和图书馆静静看书，一个人回忆我们曾经点点滴滴的幸福。可是每当到了夜里，看着左手中指上那枚戒指孤单地闪烁着冰冷的光芒，枕边的手机再也不会有熟悉悦耳的铃声响起，我总是会止不住地泪流满面，隐藏在内心深处的悲伤无从遁形。

弋杨，我从来都没有告诉你。在那段不堪的曾经中，我曾有过轻生的念头。我选择用一段旅程将自己的过去放逐，我甚至想过，一辈子就这么漂泊下去，其实也挺好。

直到遇见你。你像是黑暗中的一线微光，照亮了我孤寂中的绝望，让我终于开始相信这个世界有爱，有温暖。

弋杨，我感谢你，走入我混乱而又迷茫的青春。你让我知道，我还可以继续去爱，而我的生命充满希望。

偶然在食堂遇到夏云珊，她已没有了从前那样尖锐的语气，似乎成长了，也成熟了。她说，“我上个月见过罗弋杨一面，他现在貌似过得挺好的。”

心口似有一阵钝痛。顿了顿，我问她：“他现在在哪里？”

“他开了一家酒吧，在华夏路的酒吧街，MARVEL，奇迹。”

转眼又到了暑假，我坐火车回家。中指上的戒指依然醒目，我一边翻看和罗弋杨曾经的拍立得相册，一边听着坐在对面的两个女孩叽叽喳喳地讨论着本市新开的购物广场和娱乐动态。

“哎，我朋友说华夏路那边有家酒吧的乐队不错，是个英文名字，好像叫什么‘MARVEL’，满墙贴的都是乐队主唱跟他女朋友的照片，超级浪漫！”

另一个说：“哪个女孩这么有福，我真不想说我各种羡慕嫉妒恨啊。”

我呆呆地坐在那里听着她们的讨论，后面的话像针一样刺进我的大脑，心口突然就有一瞬间的窒息。聆听着自己心跳的部位，那里，有一丝微不可觉的疼痛。

女朋友……照片……

整个人仿如雷击。我不可置信地攥紧拳，中指上银光闪闪的戒指硌得我掌心生疼。

这意思是，他遇到属于自己的 Miss Right 了？这代表，他曾许给我的承诺，都不算数了？

整整一年，原来你一直都在这里。可是罗弋杨，为什么，我还是失去了你？

8.

我去了华夏路的酒吧街，从早上一直找到下午，却一无所获。

天色渐晚，我的体力渐渐不支。我有些气馁地坐在最尽头的一家酒吧门口发呆，只剩下最后几家了，我想，转了一天了，我的运气总不会那么差吧。

晚上八点，酒吧终于营业，炫彩的灯光闪烁起来，我惊讶地睁大眼，然后看见酒吧名字下面被霓虹灯勾勒出的一行小字，像是打广告一般移动着：欢迎光临 MARVEL，寻找属于你的爱情拼图。

顺着台阶一步步走到这个地下酒吧，当双脚齐齐迈入，我彻底愣住。

酒吧的墙壁上贴满了我与罗弋杨的照片。单人的，双人的，微笑的，皱眉的，全部都像拼图一样贴起来，一张一张，蔓延了满墙。

没有陈薄云，没有夏云珊。整个世界，就只有我们两个为爱而爱的傻瓜。

有侍者走过来迎接，微笑着向我介绍他们最火的“拼图”乐队。他说，这些照片都是主唱为了纪念自己的爱情，用了整整一个月，亲自一张一张贴出来的。

我慢慢向里走着，每走一步，心跳的速度似乎就会快上几分。找到一个靠角落的位置坐下，我静静地看着舞台中央的那个身影，那么遥远，却又那么熟悉。

很久很久，当音乐渐渐轻缓下来，我终于一步一步走到了表演台前。

他的目光越过人群牢牢定格在我身上，有惊讶，有慌乱，有心酸，也有失而复得极致喜悦。

喉咙里突然有些哽咽。我仰起脸目不转睛甚至有些贪婪地望着他，心里突然又泛起大片的疼痛。

他还是老样子，喜欢干净的白T恤和工装裤。声音依旧柔软清澈，笑起来时眉目如画。

我冲他摆摆手，还没开口，眼泪突然就落了下来。他也像是傻了一样，呆呆地看着我，半晌，才点点头，想说些什么，却终究没有说出口。

昏黄的灯光打下来，当那个抱着吉他坐在舞台中央的男子微微启齿时，躁动喧嚣的酒吧突然间安静下来。

他说，“这首《明天过后》送给我最爱的女孩。她在外流浪了整整一年，如今，我终于等到她回家。”

是否爱上一个人不问明天过后

山明和水秀不比你有看头

牵着你的手一直走到最后

这一刻怎么回头

……

男孩的歌声里同样带着哽咽，可是，我却觉得这是我所听过的最美妙的音乐。他拨弄琴弦的左手在昏黄的灯光下突然绽放出无比温暖动容的光芒——那里有一枚戒指，和我中指上的一模一样。

我就那样傻傻地看着他，一只手捂住嘴，任凭泪水在脸颊上肆意蔓延。

罗弋杨，你看到了么？其实相遇和相爱，本就是一场无可划分的奇迹。

就像薄暮终将乘风而去，归鸟还巢，诉说着永远。

PART TWO 夏花·深情

卢瓦雷：再见，卢瓦尔河谷

我一直没有告诉过你，我这一生最美好最浪漫的愿望，就是和你在红花遍野的乡村大梦一场，生死有酒，不醉不归。

1.

T3 航站楼候机大厅，宋奕奕一手紧握全员名单和护照，另一手拖着沉重的箱子，满头大汗地招呼着一群 VIP 客户，还要忍受他们的责难和白眼。

“你看看你看看，我们公司花了那么多钱，就给我们安排了这么个座位！十几个小时的飞行啊，连个商务舱都没有，你们旅行社怎么办的事儿啊？”

看着面前这个一脸克夫相的高颧骨女人吹毛求疵的表情，宋奕奕的内心像有千万匹草泥马呼啸而过，却还要做出一副诚惶诚恐的模样，“对不起高总，因为贵公司日程确定的时间较晚，加上领导要求这次出行必须所有人一起走，所以我们能订到的只有这趟航班了，希望您能谅解。”

“我谅解你们，谁来谅解我啊！拿人钱财就要把事情办好晓得不？你瞧你这个态度，小心我投诉你啊！”

……

女人还在喋喋不休。

狠狠吸了口气，正打算义正言辞地怼回去，还未开口，便被一个清凉又温润的男声打断，“高姐，这个小姑娘只是一个领队，机票的事情她又做不了主。您要觉得心里不舒服，就等这次回来了给他们公司打电话，让上头的人来解决。您说呢？”

她猛然抬眼，对上一双明亮得发光的眼。

似乎有那么一秒钟，他的表情有微微的凝滞，然而却很快恢复如初，笑了笑，冲她点点头，转身离开。

她浅浅扯了扯嘴角，默默退到一旁。

骆嘉南，多年不见，你可一点儿都没变样啊。

2.

抵达戴高乐机场时已是夜里九点。

从登机到落地，飞行中的这十个小时，宋奕奕跟骆嘉南一共就说了两句话。

第一句：“可以帮我拿一下包吗？谢谢。”

第二句：“入境卡需要我帮你填吗？”

她的暗示这样明显，可他竟然毫无反应。没有眼神交汇，只有一个礼貌的微笑，仿佛素不相识的路人。

宋奕奕有些失落，却还是强打精神，保持镇定，继续做好本职工作。

大专毕业，她在一家国际旅行社做计调。迫于生存压力，不得不硬着头皮考了领队证，累是累了点，可出国一趟，领队费加代购赚的钱就能抵得上一两个月的工资，何乐而不为呢。

这次接待外企高管考察团，原本她是有些犹豫的。这些人吹毛求疵，她很难满足他们近乎变态的需求。

她想了两天，直到在名单里看见一个熟悉的名字，瞬间改变了主意。

只是宋奕奕没想到，高中时还在夸赞她有才华的少年，如今竟连她的名字都叫不出。

她不知道他是真的没有认出自己，还是碍于她“低人一等”的身份不便与她相认，只得强颜欢笑，揣着一颗落寞的心带着大家排队出境。

然而，千算万算，没算到欧洲的小偷已经丧心病狂到如此程度，就在出境过安检的空档，一位成员的钱包被人顺走，3000欧元的现金和数张银行卡丢失，这可真不是一个小数目。

带团出境两年多，宋奕奕还是头一次碰到这种情况。再一看失主，又是那位高主管。

她揉了揉太阳穴，瞬间一个头两个大。

高主管果然爹了毛，丝毫不顾国家形象，分贝高到能把机场炸成平地。就在她一筹莫展的时候，骆嘉南走过来拍拍她的肩，“走，去安检室调监控，肯定能找到人！”

他说这话的时候，眼底有一闪而过的霸气，像极了从前运动会上，他站在冠军席领奖台上，向大家自信挥手的模样。

全程因为有骆嘉南协调，他外交官般的气场和谈吐，让机场安检各部门的沟通变得顺畅起来。

她笑了笑，一颗心，忽然安定了下来。

钱虽没有追回，好在信用卡和证件都还齐全。高主管嘟嘟囔囔发了半天牢骚，最终还是在骆嘉南淡然的表情中噤了声。

宋奕奕的视线在他俩身上打量了两圈，蓦地明白，原来年纪轻轻的骆嘉南，竟比高主管的级别还要高出一个档。

折腾了大半宿，终于抵达酒店入住。她疲惫地向骆嘉南道谢，他摇了摇头，忽然向她伸出手，在她惊讶的目光中缓缓笑开，“宋奕奕，好久不见。”

3.

宋奕奕感到十分荣幸。

被曾经暗恋过的人记得，换做谁，都会抑制不住地激动一阵子吧？

是以，开车直抵酒店的路上，她一直咧着嘴傻笑，时不时将目光投向坐在第二排的骆嘉南，完全沉浸在自我遐想的幸福感里。

坐在一旁的高主管表情像是在看一个神经病，她转头望向骆嘉南，悄声问，“这个小姑娘该不会是被我骂傻了吧？”

正对上骆嘉南探究的目光，宋奕奕瞬间有点尴尬，满面春风的笑容还未收起，便听见他对着高主管温言解释道，“得饶人处且饶人，万一真给骂傻了，咱们回去也不好给他们公司交代啊是不是！”

……宋奕奕无言以对。

顺利办理完酒店入住，便是自由活动时间，可以在周围转转，自行解决晚餐。

收拾完东西正准备出去吃饭，门铃响了。只见骆嘉南一身休闲装站在门口，见她傻愣愣的样子，笑道，“你要打算去吃饭就带上我吧，我这儿人生地不熟的，跟你混好了。”

宋奕奕才不会把骆嘉南“人生地不熟”的戏言当真。他作为芳疗香薰护肤品公司的总助级人物，说自己没来过“芳疗”一词的发源地，鬼才信呢！

可她确实是欢喜的。她甚至暗自揣测着，骆嘉南这样主动的邀约，是不是因为，他对自己有意思呢？

她深吸一口气，脑海中闪过万千场景。

没错，他一定是从高中时起就开始暗恋我了！但是他高冷又傲娇，所以始终没有对我告白！

深陷二次元画面里的宋奕奕 YY（臆想）还未结束，便被骆嘉南无情打断，“宋奕奕？……宋奕奕你想什么呢！”

“啊？”

“我都问你三遍了咱们去吃什么，你别总跟着大傻子似的，冲我一会哭丧个脸一会又嘿嘿嘿行吗？”

“哦哦哦，”仿佛小心思被戳破，她面露尴尬，小心翼翼地瞅向骆嘉南，露出一个讨好似的笑容，“我是在思索啊，中餐、日餐、法餐、意餐，哪个更能衬托你优雅又高端的身份呢？”

两个人最终去了中餐馆。

两菜一汤端上来，骆嘉南似笑非笑地看着她，“哟，你怎么知道我想吃水煮肉片了啊？”

他眼底情绪不明，宋奕奕挠挠头，“中国人嘛，不论走到哪里，都是要支持咱们家乡的饭对吧！”

她其实是存着些小私心的。

一直想请他吃顿饭，高端的法餐意餐她请不起，便宜的汉堡三明治又拿不出手，保险起见，好吃又实惠的中餐最符合异国他乡的此情此景。

塞纳河畔的灯火点点亮起。他们聊起过去，高中上学时的点点滴滴，氛围渐渐从紧张到轻松。

“我记得你上学那会儿英语就特别好，人称‘英语小公主’，我特别羡慕，还暗自发誓，要拿你做榜样呢！”骆嘉南举了举手中的茶杯，笑容中似有怀念，又带着些调侃。

宋奕奕是惊讶的。她从未想过，默默无闻的自己，竟然还在他心里拥有这样一种“地位”。可她却不敢问他，为什么这么多年前的事情，他还记得那样清晰。

“嗨，那么久的事情你还记得啊。”她不好意思地低下头，心脏“砰砰”直跳，“光英语好有啥用，偏科那么严重，考大学不就吃大亏了嘛！”

“人生的路千万条，总有一条适合自己的。别想那么多了，来，为我们在法国重聚，干杯！”

窗外夜色迷离，对面男人举起茶杯，星子般的眸子显得格外明亮。

她突然觉得异国的夜这样美，闭上眼，整个世界都充满了甜腻的芬芳。

4.

第二日，宋奕奕六点半起床洗漱，收拾好东西便前往酒店餐厅吃早餐。

好巧不巧，拿面包时又遇到那位高颧骨吊眼梢的高总，想起昨日的种种为难，她心口一紧，正准备礼貌微笑地打招呼，却见那位高总从鼻腔深处发出一声冷冽又不屑的“哼”，然后挺着腰板走向冷餐区。

宋奕奕莫名其妙。

刚刚坐定，骆嘉南便端着盘子走了过来。

“你也起这么早啊？”她惊讶，“我还以为你要多睡一会儿呢。”

他点头，“是啊，我有晨跑的习惯，刚绕了街区跑了十公里，呼吸了一下法国的空气。哦对了，我昨晚回来后跟高总打了招呼，这几天你不用压力太大，她不会对你怎么样的。”

她抬起头来。

“你让她……不要为难我？”

“嗨，我哪能直接这么说啊，我是旁敲侧击地告诉她了一些咱们以前高中的事情，她又不傻，知道该怎么做。”

“我好像又欠了你一个人情。”她抿了抿嘴。

“谁让咱俩是老相识呢。”

他声音低沉又温和，唇边缓缓勾起一个微笑。

她突然想起昨夜，他们在街上散步，大概误会了他们的关系，街头卖花的小姑娘笑嘻嘻地将手中的最后一支玫瑰送给了他，还说了一句两个人都听不懂的法语。

他手足无措拿着花，沉思片刻，突然转过头，将玫瑰递到她面前。

“送人玫瑰，手有余香。来，我手上已经有香味了，你也沾染点法国的花香，咱俩今晚伴着花香入眠，都做个好梦。”

迷蒙的雾霭笼罩了整个城市，没有人看到她羞红的脸，掌心里早已湿成一片。

即便他的馈赠没有任何暧昧气息，可她的心却不自觉地沉醉。

一整晚，她果然如他所言，好梦不断。梦里，都是芬芳的花香。

一天的行程安排得还算轻松，从塞纳河游轮上来，导游带着大家来到了 Pont des Arts Bridge（艺术桥），塞纳河上著名的爱情桥。

栏杆上密密麻麻挂满了锁。导游告诉大家，传言只要相爱的人在这里挂下同心锁，便可永结同心。

团里的几个年轻人跃跃欲试。

宋奕奕本是不信这些，觉得都是商家炒作出的噱头，可是转眼看到斜后方那人俊逸的侧脸，她心思一动，突然想要迷信一次。

买锁，挂锁，闭眼，许愿，整套动作一气呵成。

“怎么，你也相信这个啊？”熟悉的声音在身后响起。

她睁开眼，笑着回头，“嗨，来都来了，我看他们都买，索性也挂一个乐呵乐呵，要不你也买一个吧！”

见他不说话，依旧是那副温温和和的笑模样，她自知唐突，连忙摆摆手，道，“我没有别的意思啊，挂个锁也不一定都跟爱情有关，为家人祈福也可以啊！我这就是为家里人祈福才挂的！”

不知是不是被她生动的笑容感染，骆嘉南竟欣然接受了她的建议。

却在真正要挂锁的时候，他突然停住动作。

“算了，成双成对才算完满，我这单身狗，就不跟着添乱了。”

他将铜锁装回了包里。她抿起嘴笑了笑，原本准备帮忙的手顿在了空中。

夜幕降临，一天的行程结束，导游下班回家，可总有几个爱玩的，嚷嚷着要出去自由活动，看看巴黎夜景。而这项重担，便落在了正准备回去睡美容觉的宋奕奕身上。

“我……”她张了张嘴，犹豫着，却不敢直接拒绝。

“宋领队累了一天，让她回去休息吧。”一直沉默的骆嘉南突然开口，“不过，听说站在埃菲尔铁塔上俯瞰巴黎，是一种特别美的享受。我倒想去看看，到底有多美。”

鬼使神差地，她竟开了口，“那我陪你们一起去吧，人生地不熟的，你们要有啥事，我也好帮你们解决。”

就这样，一群人终于登顶埃菲尔铁塔，整个城市灯火通明，大家激动的心情难以言喻。

不知是谁说的要拍合影，宋奕奕拿出手机，正准备为大家拍照的时候，骆嘉南突然一把拉住她的胳膊，将她拉入了公司的小团体里。

“宋领队这两天辛苦了，一起拍张照吧，纪念一下，回去我收集下这些天的照片，做个相册，人手一本，就当我个人掏腰包送福利了！”

一时间，起哄声一片。

她呆呆看着身侧的他，有那么一刹那，竟有一种想要流泪的冲动。

他们激动，是因为第一次站在塔尖俯瞰整个巴黎，而她激动，是因为，她的身边是他。

“咔嚓——”时光定格。

那是他们自高中毕业后，唯一一张合影。

他的笑容如星辰大海，月华流转，铺天盖地将她淹没。

5.

宋奕奕做了一个梦。她梦见自己回到了高中时代。

他是成绩优异、温暖俊逸的校草，她是沉默寡言、默默写诗的平凡女生。

高一分班，她坐在他斜侧方。有一次她的诗集本不小心掉在地上，他弯腰替她捡起，轻声念出纸上的那句话：“我这一生最美好的愿望，就是在红花遍野的乡村，有诗有酒，大梦一场……这是你写的吗？”

她点点头，胸口小鹿乱撞。

“写得好美啊！”他目光中满是欣赏，翻开扉页，看着上面清隽的三个字，轻声道，“你叫宋奕奕？字如其人，字好看，名字也好听。”

她在他温润俊逸的笑容中羞红了脸颊。从此，心里住进了一个童话。

无数次，她从篮球场经过，看着他一次次跳跃扣篮，姿势利落又帅气，操场上尖叫喝彩声一片；运动会的长跑项目，他凭借一双大长腿和持久耐力一举夺冠，女生们捧着毛巾和矿泉水疯了一般向他涌去，她远远看着他肆意飞扬的笑容，在心里一遍又一遍刻画下他的模样。

毕业那年，她在后操场的一块墙壁上，悄悄刻下了一行字：宋奕奕要和骆嘉南报考同一所大学。

她知道自己的暗恋毫无结果，可是年少时的梦，就是这样纯真又羞怯。

后来，因父母离异又再婚，她成绩一落千丈，高考落榜，为了好找工作，只得读了旅游专科院校。

大专毕业后的那段时间实属难熬。没有过硬的“敲门砖”，找工作处处碰壁。好在，这些年来始终不曾放弃英语，靠着自学考下来的证书，她进了旅行社，又凭借自己的努力，从小导游慢慢做到国际领队。

而他们之间再无联系，唯一的交集，便是过节时，在班级群里互相问候。

他说一句“祝大家节日快乐”，她便欢欣雀跃，只当那祝福，对他们，亦是对她。

遇到骆嘉南，是意外，也不是意外。

原本这次带团的是公司另一位领队，却因她无意间看到了他的护照，偷偷找了领导，将领队换成了自己。

出发的前一晚，她几乎一宿没睡。辗转反侧，脑海里都是他温润的眉眼。

明明多年不见，可他的相貌却在她心里愈发清晰。

初恋猛于虎！

她在心里微微叹息。

而骆嘉南，就是她这么多年来，想忘都忘不掉的，那只猛虎。

在法国的时间将近半个月，考察完南部的芳疗体验中心，回程途经被称作“法国花园”的卢瓦尔河谷，眼前青山绿水一片，尖顶的教堂旁大片红花盛放，美得让人移不开眼。

团队就住在民宿别墅，夜晚在院子里开起 BBQ Party（烧烤派对），抬起眼，就能看到繁星满天。

大家在喝酒，在笑，在闹。宋奕奕抱着汽水瓶远远坐在一旁，她低着头沉思，孤独的身影仿佛与夜色融为一体。

“哎，还有几天就要回国了，我还突然有些不舍呢。”身旁的人突然出声。

她吓了一跳，转过头，就见骆嘉南淡笑着看她，手中端着喝了半杯的红酒。

不知是不是前几日的梦境，两人独处时，她越发觉得胆怯，低着头不敢看他。

“嗨，以后还有机会，再来就是了。”她有些紧张，不知该说什么好，只得开玩笑般同他调侃，“下次你要是还报我们公司的团，可以直接来找我，我去跟领导申请最优惠折扣。”

“好啊，下次，我要私人订制，你做我的专属领队，远离城市，就在这种小镇深度游。”四周明明那样喧闹，可骆嘉南的声音，却在她耳畔格外清晰。

她听见他的声音，如暮鼓晨钟一般，一个字一个字敲响在心间。

他说：“宋奕奕，你知道吗？我最大的梦想，也是在红花遍野的山村，有诗有酒，大梦一场。”

6.

回国后，宋奕奕跟骆嘉南联系渐少。

也对，没有工作交集，除了能在朋友圈里点个赞，还能做点什么呢？

有好几次，她看到网上在售交响音乐会的门票，思前想后，辗转反侧，最终，还是没有勇气，邀请他共享音乐盛宴。

只有在刷朋友圈时，才能体现出她疯狂的迷妹属性。

大概宋奕奕每条必点赞行为太过明显，连骆嘉南都发现了不正常。他问她:“你是天天都不工作不睡觉吗？为什么我每次发点啥，你总是第一个冒出来呢？”

宋奕奕吓得心跳失速，连连否认，“嗨，我最近确实不太忙，所以没事就翻朋友圈，挨个赞一遍……”

理由太牵强，她不好意思地闭上了嘴，却听见他在那头轻轻地笑。

“下周五晚上有时间吗？朋友送了我两张开心麻花的剧场票，有空的话一起去看啊。”

两个半小时的《乌龙山伯爵》，她在小剧场里笑得前仰后合。终于意识到自己的笑声太夸张，她猛地捂住嘴，悄悄瞟过身旁坐着的人，却见他眉眼含笑，眼底的光，比舞台上的聚光灯还要闪亮。

不知是不是在塞纳河爱情桥上许的愿被老天爷听见，宋奕奕觉得，自己的人生大概是开挂了。

看过话剧，出来又吃了夜宵，两人漫步在种满紫薇花的马路上，夜晚的风吹得呢喃，月华如水，遮住了星辉。

地铁站分别时，她突然说道:“那个，我过段时间要出去欧洲带团，你……有没有要代购的东西啊？”

他勾起唇角，半开玩笑似的道:“国外不安全，能把你自己平平安安带回来就行！”

大概好运在离开前的那一晚被透支，这一趟再去法国，穿越卢瓦尔河谷时，团队里的乘客便因旅程劳顿，突发高血压。

从前也经历过一些客人小病小闹，第一次面对如此严重的病情，她心下大乱，却强作镇定，让地陪联系离此地最近的酒店、医院，一起将客人送到了急救中心。

急救室的红灯亮起。她抱住双臂，站在走廊一侧静默不语。

就在她心乱如麻思考下一步方案的时候，微信铃声突然响起。她被吓了一跳，下意识地看了一眼，这才知道，此刻，骆嘉南就在卢瓦雷省，与她的直线距离不到 70 公里。

“我记得你说过，你这段时间会在法国，正好我们公司又来考察芳疗产品，怎么样，晚上有没有时间出来聚一聚？”

“别提了，我们团里有个大叔病了，我现在在医院呢。”面对他的邀约，想去却不能去，宋奕奕头痛欲裂，“不好意思啊，我这边实在忙不过来，得等着团友病情稳定才行，下次有机会再聚吧。”

她满心失落地合上手机。却没想到，发完微信后不到两个小时，她在医院见到了骆嘉南。

他穿着黑色风衣，风尘仆仆站定在她面前，递给她一杯热咖啡，眼神里透着关切，“怎么样，一直在这儿守着，累了吧。喝点咖啡，休息会儿，我在这陪着你，有什么事我帮你去沟通。”

她愣愣看着他，有些不相信自己的眼睛，“你，你不是来考察的吗？这样跑过来找我，公司不管吗？”

“这都几点了，考察早就结束了。现在是自由活动时间，上到领导下到员工，都得有点私人空间是不是？”

“谢谢你。”她眼眶红了红。

“谢啥，都是老同学，怎么那么客气呢！”

他的声音仿佛有催化作用，让她原本焦躁的心迅速安定下来。

那一刻，她突然想要变成一个很好很好的人，好到足以匹配他的优秀、努力和自信。

——爱情啊，真是这世上最美的原动力。

7.

宋奕奕开始反复思索着“知识改变命运”这句话，痛定思痛，终于下决心报考了成人自考。

在此期间，骆嘉南联系过她一次，却也只是给她介绍了两个客户，并没有更多举动。

她来不及控制失望的情绪，精力便被大量的模拟习题瓦解。

毕业后，她除了考过一回领队证便再未碰过书本，如今，厚厚的学习资料堆成了小山，宋奕奕同学感到压力山大。

身体疲惫，精神却是愉悦的。

爱让一个人变得勇敢，她想要追上他的脚步，哪怕，距离比星河还要遥远。

拿到录取通知书当天，她兴奋异常，捧着手机犹豫许久，终究还是给他发了条信息：朋友送了我两张民乐演奏会的票，这周六晚上有时间吗？

她惴惴不安地等待着他的消息。大约过了一个多小时，他终于回复：必须的必。正好我有一张汉拿山的优惠券，咱们一起用了吧。

两个多小时的《丝竹之韵》尽显民乐风采，从琵琶到扬琴，再从三弦到竹笛，唐鼓的打击声与古筝的清灵碰撞出剧烈的火花，似梦似幻，如影随形。

她胳膊动了动，不小心碰到他搭在扶手上的手臂，还未说抱歉，他突然转过脸，笑了笑，俯过身来悄声道："我还是第一次看民乐演奏会，挺震撼，下次你朋友要是还送你票，一定记得叫我啊。"

聚光灯将台上台下分隔成两个世界，剧场里昏暗一片，没人看到她微红的脸。她微不可觉地缩了缩手，瞧瞧抬眼瞟向身边的人，心间忽然一阵滚烫。

那晚星光熠熠，两人走在喧嚣的街道，她不禁感叹，"哎，我终于考上交大的成人本科了！当年高考失利一直是我心中遗憾，好在现在努力也不算太晚，皇天不负有心人啊，成绩还不错，所以今晚就强行拉着你为我庆祝一番啦。往后一段时间，我估计会变得很忙碌，不过你要有事还是可以随时叫我，老同学嘛，我的档期肯定优先预留给你。"

她嘻嘻哈哈假借老同学的名义说出了心里话，却又不敢真正挑明，自己的所有时间，都是为他一人保留。

原以为骆嘉南对此并无太多想法，没想到他静默了一会儿，眼神中情绪不明，"宋奕奕，你知道我最欣赏你哪点吗？"他看着她，轻声道，"你的眼里有种努力生活的痕迹，那是一种特别顽强的美丽。"

宋奕奕失眠了。为了骆嘉南的那一句"欣赏"，她辗转反侧，纠结着要不要再把他们之间的关系拉近一步。

圣诞节的前一天是她24岁生日，她忐忑地发出邀约信息，他没有回复。

她坐在花舍咖啡，一个人孤零零地喝着奶茶，吃着沙拉。窗外暮色渐浓，就在她准备结账回家的时候，他拎着一个6磅的小蛋糕，风尘仆仆地出现在她面前。

“抱歉，我一个小时前刚下飞机，打电话预订完蛋糕，就快马加鞭地往你这里赶了。等很久了吧？”

他不好意思地笑笑，眼底仿佛有一颗灼热又明亮的小星球。

她的眼眶红了红，别过脸，吸了吸鼻子，“哪有，我也加班到现在。还以为你来不了，这不，刚点了个沙拉果腹，没想到你竟然来了！”她招招手，脸上的表情是自己都不知道的生动，“服务员，点餐！”

8.

那夜后，两人的关系仿佛近了一步，每天互道“早安、晚安”，遇到棘手的事情，也会互通电话，给对方出个主意。

宋奕奕想，老天爷一定是听见了她的心声，准备帮她实现愿望了。

然而，不到一个月，还没等她做完那场胡思乱想的美梦，便被无情地打回了原形。

高中同学聚会，毕业后便跟过去说“BYE-BYE”的她原本没有计划参加，却在骆嘉南的劝说下，打算再去重拾一下昔日的同窗之谊。

许久不见的老校友们三两成堆，家长里短聊着八卦。

突然有人拍了拍端着红酒杯沉思的骆嘉南，“哎，你之前是不是谈过一个女朋友啊？怎么样，打算什么时候结婚啊？”

女……朋友？宋奕奕愣住了。

不知是不是她的错觉，有那么一瞬间，她似乎看到他的眼睛似有似无地瞟向这里。

大概，是我又在胡思乱想了吧。她挠了挠头。

就在氛围陷入一片尴尬境地之时，骆嘉南终于淡淡开口，“没什么好说的。”

他的脸上没什么表情，似乎不愿再提起这个话题。

莫名的，宋奕奕只觉得胸口一阵憋闷。明明没有喝酒，却头一次希望，自己醉到不知今夕何夕。

她低下头，抿着嘴无聊地翻看朋友圈，没有看见斜对面的骆嘉南目光深远，眼底似有一小团火焰。

有很长的一段时间，宋奕奕都不敢再去碰触骆嘉南的生活。

或许是同学口中的“女朋友”三个字太过残忍，又或许是骆嘉南那句“没什么好说的”刺激到了她，让她好不容易升起的希望落了空。她突然不知道该以什么样的方式去面对他了。

没人知道，无数个辗转反侧的深夜，她一次又一次地点开他的朋友圈，浏览他发布的每一条信息，感受他的喜怒哀乐。

可是他们之间的距离仿佛越来越远，她的一颗心渐渐冷却下去，仿佛住进了一个黑洞，别人进不去，她也出不来。

直到有一天，她看到他新发的朋友圈，是他们高中毕业时，七八个同学在一起的合照。她在前排，他在后排，明明看不出任何交集，可偏偏就有好事的同学出来，在朋友圈里咋咋呼呼地留言：我记得特别早的时候你发过一张你女朋友的照片，怎么感觉跟宋奕奕长得有点像啊？

整整一天，宋奕奕都处于一种浑浑噩噩的状态。像是为了印证些什么似的，她疯狂地翻看他过去的朋友圈，寻找那个女人一丝一毫的痕迹。

不知是不是已经被他删除，从 2018 年翻到 2013 年他第一次发朋友圈，没有，一条都没有。

那个神秘的女朋友仿佛仅仅出现于同学们的口中，可这样的结果，更让她心口发慌。

她坐在地上崩溃大哭，她不懂，自己如今喜欢的，爱着的，究竟是他这个人，还是她守护了多年的情窦初开的执念？

也或许，她爱着的，一直都是记忆里，爱情最纯真最美好的样子。

9.

拿到自考本科学位证后，宋奕奕从旅行社辞职，一个人去了法国。

如今，互联网行业势头高涨，她计划利用之前积累的资源，看看能否开辟一条“互联网 + 定制旅游”的高端路线。

重回卢瓦尔河谷，早已物是人非。

住在山清水秀的南法乡村，听听鸟叫，看看云朵，时间仿佛都慢了下来。

那晚，躺在独栋别墅的顶层小屋，对着银河星光，她再度想起高中毕业的那一天。

全体师生在操场拍完毕业合影后，男生女生拿出手机开始自拍，风云人物骆嘉南也被拉了过去，而她因为平日里少言寡语不大合群，被人遗忘在角落里。

突然，她听到有人喊她的名字，回头，便见他冲她招招手，“过来，一起拍合影了！”

他的笑容如暖阳天光，她闭了闭眼，心跳漏了半拍。

那是彼时，除了全体大合影外，他们两人唯一一张合照。她小心翼翼珍藏多年，夹在那个诗集本子里，心心念念入了魔。

只是如今啊，得知他有女朋友，她不得不再度退回到普通朋友或者老同学的位置上，收起满心的欢喜惦念，让梦随风散去。

在熟悉的民宿住了四天，宋奕奕跟房东谈好了长期合约，拉着箱子准备离开。

临走前，华裔房东突然叫住她，“我前几天打扫院子的时候，发现了一个东西，不知是有人故意落在这里，还是遗失了。不过上面有你的名字，倒是挺有趣，你等下，我拿给你看看。”

小小的铜锁，不知用什么样的刀具，在上面歪歪扭扭刻了三个字：宋奕奕。

她咧开嘴，笑着笑着，突然捂住脸，失声痛哭。

同学聚会那一晚，骆嘉南送她回家，她躲在窗帘后，看着他车在她的楼下停了整夜。

天亮，他抽了根烟，疲惫离去。她目送他的背影消失在晨曦之中，却胆怯地不敢上前，亲口问一问他：那个女朋友，到底是怎么回事。

从 16 岁到 24 岁，遇见他的这些年，自卑早已成了她心中的刺。

她小心翼翼不敢僭越，生怕一个不小心，天亮了，梦就碎了。

租来的车就停在院内，将箱子塞进后备箱，宋奕奕叹了口气，转身正准备开车门，一只手臂拦住了她的去路。

“我丢了一个东西，你有没有看见？”

她低下头不说话，不敢让他看见她泛红的眼眶。

“我在塞纳河边买过一个锁，本来是要送给我喜欢的女孩子，却被我不小心弄丢了。你要是见过的话，麻烦你告诉我一声。我的女孩，她还在等我。”

宋奕奕的眼泪流了下来。

她终于明白，根本就没有什么所谓的女朋友，他早前发在朋友圈里那张照片，就是七年前满脸青涩的自己啊！

高中毕业，她独自徘徊在角落，却不知，少女青春恬淡的侧影落入一个人的手机镜头。像素不高，画质不清晰，可他每每看到，都觉得心里有一股清泉，悄然流淌而过，整个世界仿佛都安静了下来。

这些年，骆嘉南一直在关注宋奕奕的一举一动。没有打扰到她的生活，是因为自己还不够强大、不够优秀，他希望自己快快变得有能力有担当，才能去保护那个像诗篇一样美好的女孩。

出国考察的旅行社是他找的，领队是他强烈要求的……她不知道，每一次风尘仆仆的相遇，每一次危难时候的维护，不是因为他是女生们心中温润如玉的“男神”，而是因为那个人是她，他才会如此悉心照顾啊！

她动了动手指，掌心中赫然躺着一枚铜锁。骆嘉南低下头，就在她以为他要拿走铜锁的时候，他突然一把握住了她的手。

“宋奕奕，你可能不知道，学校后操场的墙上，除了你那句话，还有另外一句话。”他勾了勾嘴角，伸手轻轻拭去了她脸上的泪，笑起来，“骆嘉南深表赞同。”

两人掌心相贴，铜锁在她汗水微沁的掌中火一般灼烧起来。

人生最美好的事情也不过如此吧。你一直爱着的人，这么多年，他也一直悄悄爱着你。

——是爱这个奇迹，终究让我们再次相遇。

旧金山：月亮若微笑，星星听得到

夜色旖旎，灯火阑珊。

城市的霓虹灯一点点亮起来，这座太平洋沿岸的港口城市唯有在夜晚才会显现出它躁动不安的喧嚣。

我站在“Paradise”的吧台后，以一个孤独的姿态调试一杯倒映着灯光碎片的彩虹鸡尾酒，冷眼望向来来往往的人群，却透着一丝落寞。

一个身着黑色风衣的年轻男子坐在我对面，“啪——”，一张 50 美金的钞票拍到桌上，他低着头，看也不看我，身后是震耳欲聋的音乐，可他的声音却在嘈杂中格外清晰，带着一丝微醺的醉意。

“Blood Mary for two. Thanks！”(来两杯血腥玛丽，谢谢。)

手指慢慢伸向钞票，我垂下眼，再度抬头时，眼底一片波澜不惊，“You're drunk,Mars.”(你喝醉了，马尔斯。)

1.

我叫沈玥，年满 19 岁，是一名穷留学生。

刚到旧金山时，我跟 7 个来自全球各地的同学合租在一座平层公寓里，韩国的那 4 个同学有些吵，天天晚上喝酒吃火锅，所以我跟他们平时也没什么交集。印度的一对姐妹花带着浓重的口音，常常交流不顺，但人都还算不错。跟我说话比较多的是住在我隔壁的关霖玺，他是个很开朗的台湾男孩，眉目清隽，笑起来嘴角有两个浅浅的酒窝。

我住的小单间是平层公寓里价格最低的，可对于我来说，每周 80 美金的房租仍然觉得奢侈。

家里的条件不是特别优越，父母供我读书已经花掉了大半的积蓄，而我又承载着他们太多的期望。他们对我的支持无怨无悔，可是我却觉得这些血汗钱拿着烫手。我想去打工，可无奈，美国政府有规定，外国留学生第一年不允许到校外打工，而校内兼职岗位已满，且收入微薄。

那段时间，我的头发大把大把地脱落，有时候会在夜里猛然惊醒，想想自己皱巴巴的那几张生活费，免不了又是一阵哭泣。

忽然有一天，住在隔壁屋的关霖玺问我："玥玥，你想做兼职吗？"

我说："想啊，可是这边的法律不允许，那样只能算打黑工吧，抓住了会被扣分的。"

他就笑："我有个亲戚在 Grant Avenue（格兰特大道）开了家素食餐厅，因为给的工资不高，所以一时半会招不到人，你愿不愿意去试试？洗碗工每小时 6 美金，服务生每小时 12 美金。你要觉得可以的话，我今晚就带你去面试，我可以作担保人。"

我动心了。可是，关霖玺怎么会知道，我现在急需这样一份工作？

大概是我的眼神出卖了我的心，关霖玺看着我，目光深沉而又柔和，他说："玥玥，你每晚的哭泣声，听得我心都要碎了。"

我不知道关霖玺是什么时候发现了我的生活窘境，也不知道他是何时对我产生了这种别样情愫，总之我是被他彻彻底底震住了。

幸好，他是那么善解人意的男孩子，大抵是怕我尴尬，后来他再没有提过类似的话题，而是直接带我去了他亲戚开的素食餐厅。

这家餐厅名叫"缘起"，老板是一位台湾商人，大概极喜爱中国风元素，门前挂着一排大红灯笼，木质的雕花古色古香。

当那位清瘦的于姓男老板用略带挑剔的眼光看向我，轻声问："你有过工作经验吗？比如在超市做过柜台收银员，或者在其他餐厅洗过碗、端过盘子什么的？"

我坚定地点点头，说："我之前在一家披萨店做过服务生。"

是的，我撒谎了。我没有做过服务生，也没有去过什么披萨店，可是为了提高被留下的概率，我对老板说，这些我都会。

于是，我被留了下来，成为"缘起"的一名刷碗工。

我想我可能真是被生活逼到了绝境，曾经在国内虽没有大富大贵的生活，却也不曾吃过这样的苦，可如今，我却要蹲在后厨一个一个清理客人吃剩的饭菜和碗盘。

冬天的水凉得刺骨，我手指关节被冻得通红，关霖玺每天用热毛巾为我敷手驱寒，有时候我下晚班，他会骑一辆花 1850 美金买来的二手小摩托接我回公寓。

我们的关系越来越近，而我的沉默仿佛也被他当成了默认。旁人看我们的眼光愈发暧昧，连公寓里那几个韩国人都爱拿我们开玩笑，说我俩在一起的感觉就像《还珠格格》里的紫薇和尔康。

哦，我忘了，《还珠格格》当时在韩国是多么火的一部剧啊，不亚于《蓝色生死恋》在中国的收视率。

可是他们又怎么会知道我内心的想法呢？我对关霖玺所做的一切，除了感动，真的就只是感激啊。

那个时候，我对自己的未来以及和关霖玺的关系其实并没有太多的想法，我只想安安稳稳度过在美国的这段时光，直到我遇见了一个人。

Mars，黎睿星。

2.

在素食餐厅洗了两个月的碗之后，因为表现不错，我被于老板调去做服务生。也就是说，我涨工资了。

周六，我正端着一盘摆放整齐的金丝南瓜饼从后厨走出，就看见半敞开的木头门外站着一个人。

那日，阳光格外好，他就站在一片明晃晃的逆光之中，穿着白绿格子衬衫的背影瘦削而又硬挺，看不清表情，却仿佛能够想象得出这是一个多么干净的男孩子。

将南瓜饼放到客人的桌子上，我走过去，礼貌地问他：“先生您好，请问您是来就餐的吗？里面请吧。”

他转过脸来看我。

我终于看清了这个男孩子的容貌。一双如海洋般寂静深邃的眼睛，眉骨略高，鼻梁硬挺，笑起来时，唇边有一道浅浅的法令纹。长这么大，我从未见过这样好看的男孩子。

他有些不好意思地看着我，说：“我很饿，可是我身上的钱都丢了，能不能给我一点吃的？什么都好。”

我像是中了蛊一般，在他浅淡的笑容里迷失了方向。二话不说跑到后厨，从一锅刚刚做好的粗粮面包里拿出两块揣进怀里，像个小小快递员，又以光速飞奔出去。正在切菜的配菜工阿文惊讶地看了我一眼，这个时候，我才恍然想起来，初来第一天老板就告诫过我，不允许随意拿厨房里的食物！

可是这个时候收手已经来不及了。我安慰自己，就当做慈善了，大不了拿走的这两块面包的钱我自己掏腰包补上好了！

我从怀里掏出面包递给他，说：“你不要在这里吃，被人看见不好。喏，对面有一个小公园，里面有很多长椅，你去那里吧。”

他面露感激，“太谢谢你了，你是留学生吗？在这里勤工俭学？”

我点点头，他又道：“我叫黎睿星，是州立大学的学生，你可以叫我 Mars，今天的午餐谢谢你，下次我带钱还给你。”

“不用不用，都是同胞，帮忙也是应该的，你快走吧。”

我催他，虽然我很想跟他多聊一会儿，可私心还是怕被人看见，抓我的小辫子。

他冲我感激地笑笑，拿着面包转身离开。望着他离去的背影，我的内心却突然欢呼雀跃起来。

我知道他的名字、他的学校，而且我知道，他一定还会回来找我。一定会来。

我想，我对这个男孩一见钟情了。

哦不不，是一见钟脸了！

那天晚上，我都沉醉在一种难以言喻的喜悦心情之中，甚至去超市买来牛肉和蔬菜，主动张罗着要给关霖玺做饭。

大概是许久没有见我这么开心地笑过，他问我今天遇到了什么事情这么高兴。

我说："我今天做了一件大善事哦！"

然后原原本本地将情形表述给他，当然，还是存有私心地留下一点小秘密，比如：我没有告诉他那是一个长得很帅的男孩子，也没有告诉他，那个男孩说以后会来找我。

关霖玺听完似乎有所思忖，但也只是皱了皱眉，很快，他又恢复了一贯的表情，淡淡道："玥玥，以后你要从厨房拿东西，就算事先没有告诉老板，事后最好也要说一声，免得招来非议。"

我心底一惊。糟了，光顾着开心了，拿面包这事儿，还真是忘了说！

第二天上班，刚刚进门，就看见于老板一脸深沉地看着我，他说："小沈，我听说，你昨天偷了餐厅的面包。"

转脸，就看见阿文站在一旁，有些唯唯诺诺地冲我撇嘴。

我向他解释：“我昨天不是故意要拿面包的，都给了一个饥饿的留学生，您当时不在，所以也没跟您汇报。这个钱我会自己补上，不会占餐厅便宜的！”

可他最终也只是冷冷地看着我：“你要记住，第一天我就说过不许随便拿餐厅的东西。我不会拦着你做慈善，但你事先不说明，事后也没有给钱，你这种行为就是偷窃，而我的餐厅，不需要你这种道德品质低下的员工！”

3.

我就这样丢掉了我在美国的第一份工作，任凭关霖玺怎么帮我求情，老板始终没有松口。

被辞退那天，我孤零零地沿着唐人街一直走、一直走，明明晌午还阳光灿烂，可到了下午，突然一场瓢泼大雨，将我浇了个透心凉。

我蹲在路边，终于无可遏制地哭出声来。

我在想我这样做到底值不值得，为了一个只见过一次面的陌生人鬼迷心窍，掏了腰包，背了骂名，最后还被老板从餐厅赶了出来！

可就在我正准备后悔的空当，一双鞋突然出现在我面前，头顶的雨骤停，我抬头，就看见一张陌生却又熟悉的脸。

他的笑容那么温暖，瞬间就治愈了我受挫的心灵，他的声音里甚至有些惊喜：“我还以为认错人了，没想到真是你啊！”

我跟着黎睿星去了一家小咖啡厅。6美金的咖啡真贵啊，可他还是要了一杯，然后推到我面前，说："刚才冻坏了吧。喝点热咖啡，暖暖身子。"

我有些不好意思，问他："你怎么不要一杯呢？"

他笑笑："我神经衰弱，喝了晚上睡不着。"

我就这样轻信了他的话，很久以后才知道，那时的黎睿星生活其实比我还要窘迫，我给他的两个面包是他那段时间最丰盛的一顿午餐，而他请我喝的这杯咖啡，花光了他兜里剩余的最后6美金。

大抵所有的相见恨晚，都是终于找到了自己理想中的目标。午后的时光短暂而又漫长，咖啡厅舒缓的轻音乐让人放松，而我抱着早已凉透的咖啡杯，将一颗心缓缓投放到对面男子低沉而又富有磁性的声音里。

他告诉我，父母不赞成他出国，但他擅作主张考取了旧金山的学校，他们一气之下冻结了他的银行卡，他变成了穷光蛋。为了来美国实现他的梦想，他问同学借了一万块钱，买了一张机票只身来到美国。

他的奖学金几乎都交了房租，如今找不到一家愿意招黑工的饭店，这些日子他都在街头卖艺，靠写书法和弹吉他赚些微薄的零用钱。而现在，他身无分文。

我不知道，一个男人是有着怎样的勇气和决心，才能毅然决然离开父母的桎梏，去实现自己的人生价值。

我半开玩笑对他说："Mars，我刚辞掉了饭店的工作，以后我跟你一起去街头卖艺吧！"

他嘴角的法令纹浅浅勾勒开：“傻姑娘，你以为街头卖艺这么容易吗？放下你所有的骄傲和尊严，辛苦一天，换来别人或赞赏或不理解的眼光，以及丢下来的几美分硬币。”

我便不说话了。见我愣愣的模样，他笑得更开了：“旧金山是全美最大的华人聚集区，有多少孩子拿着父母的钱在这里混吃等死，而我们这群真正努力生活，想要改变命运的人，却在被这种叫作‘金钱’的东西欺负和羞辱。可是你依然要相信，好的生活永远只会为有准备的人敞开大门。所以，不要害怕，哪怕前方暴风雨汹涌，只要有光，就有希望。”

雨过天晴，唐人街路面上未干的水渍还折射着彩虹般的五彩光泽。我尽情地呼吸雨后的清新空气，在他面前快乐得像个孩子，被辞退的阴影也一扫而空。

分别的时候，我们相互留下了联系方式和公寓地址。

我说：“Mars，以后咱们就相互照应吧，这边的华人我认识的不多，有空我去找你玩啊。”

他笑笑，“沈玥，我也很高兴遇到你，你是一个……让人感觉温暖的女孩子。”

我点点头，笑得明媚又羞涩。那一刹，我听见心里花开的声音。

4.

从唐人街回到公寓的时候，我看见关霖玺坐在公共区域的简易沙发上等我，表情充满愧疚。

我知道他在愧疚什么，无非就是没有帮到我而已，在他开口之前，我说："霖玺，你无需自责，这些都是我自己的错，我应该一力承担。这次的事情，于老板肯定也会对你有别的看法，毕竟我是你介绍过去的。不过，我现在失业了，总得再去找一份工作，不然下个月的生活费又没着落了。你……还认识别的什么地方可以介绍吗？我保证，绝对不会再拖累你了！"

我话还没说完，他突然从沙发上站起来，上前一把将我抱住，紧紧箍在怀里。

我愣住了，一时间忘了反抗。伏在男孩宽厚温暖的胸膛，感受着他有力而又快速的心跳，我紧张得手足无措，只听见他的声音自我头顶响起，他说："玥玥，你不用出去打黑工，我有钱，我可以养活你！"

像是一盆冷水从天而降，我猛然推开他："霖玺，你一定是误会我了。这些日子，我很感激你为我所做的一切，也很感动，但我对你真的没有别的心思，希望你能理解。"

我和关霖玺的关系终于有了一丝裂痕。他望向我的目光开始变得有深意，而我有意无意的回避，只让他的眼神更加受伤。

我们俩装作一切不曾发生过，假装粉饰太平，但其实大家心里都明白，之前我对他纯粹的依赖，以及他对我无微不至的关照，那样的静好时光，却再也回不去了。

没有关霖玺的帮助，我便着手自己出去寻找工作机会。趁着自己手头还有一些微薄存款，再努努力，我相信自己可以熬过最艰难的这段日子。

我来到黎睿星位于 Montgomery Street（蒙哥马利大街）的租住公寓，刚走进楼道，就听见从三楼楼梯口处传来一阵尖锐而又粗鲁的女声叫嚷着让拖欠租金的黎睿星滚出公寓。

我实在气不过，一时冲动，掏出兜里所有的钱甩给她，对那个长着一副吊眼梢、看起来极其不好相处的美国老女人道："Now, I' ll pay you for 4 weeks in advance with weekly payment and deposit for 3 weeks！（我先付你四周的房租，压三付一！）"

美国房东点完钱，表情终于有所和缓。她从鼻孔里喷出一声不屑的尾音，然后转身下楼。

我松了一口气，转脸望向黎睿星，只见他用一种极为复杂而又震惊的眼神呆呆看着我。我被他看得有些不好意思，刚想开口解释，却听他说道："玥玥，把你那边的公寓退了，过来跟我一起住吧。"

我从来没有见过，一个男人能用这样一本正经的语气，表述出一句类似于耍流氓的话。

见我露出比他还要震惊的眼神，他大概也觉得自己说话失误，于是连忙解释："我的意思是，你现在替我付了钱，那你的房租怎么办？我一时半会也还不了你钱，正好，我是整租了三层的西边，面积不算小，可以隔出两个房间。你那边的公寓如果租金贵，可以退掉，先在这边将就一段时间，钱我会慢慢还你，你看行不行？"

我当天晚上就将所有的东西打包好，装进了 Mars 租来的车里。

清楚地记得，我走的那天夜里，西伯利亚冷气流来袭，温度异常低。关霖玺就那样沉默不语地看着我一件一件将东西整理进收纳箱，眼神里有着寒夜一样的冰冷。

直到我拉开门准备出去的时候，他终于开口了："玥玥，你离开，是不是因为我让你觉得烦恼？没关系，如果你介意，我不会再来打扰你，我……"

"霖玺，跟你没有关系。"我打断他，"我爱上了一个人，我要去找他。"

我永远也忘不了那一刻关霖玺眼底的震惊。他就像一个被大人遗弃的孩子，孤独而又落寞地隐匿在一片阴影之中。天黑了下来，而他的影子，渐渐被黑暗吞噬。

5.

我和黎睿星不知道是因为什么样的缘故，就这么莫名其妙地成为了别人眼中的"一对儿"，楼下的几家租户每次都用格外友好和善意的眼光看着我们同进同出，正如当初那些韩国人眼里的我和关霖玺。

唯一不同的是，那个时候我保持缄默，只是觉得清者自清，没必要解释，而如今我的沉默，却是真正的默认。我想要被人误解我们俩人的关系，而我更希望，他们口中所谓的"couple（情侣）"，是名副其实的情侣。

有课的早晨，我会早早起床，用公共厨房的烤箱烤好切片面包，热两杯牛奶，坐在天井下短暂地沐浴一会儿阳光，然后和

Mars 收拾好东西，分别坐公交去各自的学校上课。

有时候他下课早，会来我学校门口等我，每次他都不会空手，有时给我带一枚超市里 9 美分的棒棒糖，有时是从私人别墅栅栏外摘下的一枝玫瑰花。

有一次恰好碰见关霖玺，他没有说话，只是淡淡转过头去再不看我，仿佛我不曾存在过。

我有些难过，毕竟曾经那么好的一段关系，最后连朋友也做不成，想想也是可惜。

可我仍然尽情地享受着当下的生活，享受着在这样拮据的日子里，他带给我的小小惊喜。

纵使如此，我们同住在一起三个月，他对我恪守礼节，亦不曾提起任何暧昧话题。而他所给予我的所有礼物，似乎都是在表达对我当初替他交付房租的一种感谢。

我左等右等，等不来他的只言片语，可我是姑娘家，妈妈说女孩一定要矜持，所以我就更不可能开口去问他了。就这样，我们的关系成了我心里的一个谜，一拖再拖，却依然没敢捅破那层窗户纸。

直到 8 月份的一个周末，因为一次事件，我们的关系出现了颠覆性的改变。

那天，我和黎睿星如同往常一般去街上卖艺。我们从九曲花街一路走下去，他背着从旧货市场淘来的吉他，而我就站在身旁为他和声，我们的表演虽说不能算是天衣无缝，却也在闹市区吸引了一众目光。路人纷纷给钱，并为我们鼓掌，吆喝着让我们唱几首中国的特色歌曲。

当所有的人都沉浸在《月亮代表我的心》的音乐中时，突然，远处传来几声枪响，紧接着听见警察的高喊声："Police! Police!（警察）"

现场一片骚乱，我知道出事了。

人群蜂拥着四散奔跑，我和黎睿星被冲散，明明看着对方近在咫尺，伸出手却是不可触碰的距离。

枪声继续响起，不知道是警察还是匪徒。然后就听见那边有人惊声尖叫："The police fired into the crowd！（警察向人群开枪了！）"

我有些绝望，像一只无头苍蝇，不知该去往何处避难。慌乱中，有人突然牵住我的手，回头，就看见黎睿星那张几乎能刻入我骨子里的，神祇一般的脸。

他紧紧握住我的手，就像握住了他生命的另一端，带着我，穿越吵杂汹涌的人群，直到我们狂奔进一条小巷，感觉安全了，终于停了下来。

他一只手将我抵在墙上，气喘吁吁地盯着我，我的背脊紧紧贴住冰冷的墙面，可胸膛里的那颗心脏，却紧张得仿佛要跳出来。

就在我想要开口说话的下一秒，他突然俯下身，死死将我吻住。

良久，他终于起身，平静了气息，缓缓说到："玥玥，就在枪响的那一刻，我突然觉得，我的一切都没有你重要。就算我死了，你也得好好活着。"

6.

我和黎睿星的感情有了质的变化。之后的很长一段时间，当我们想起那天发生的事情，心有余悸的同时，也会情不自禁地相视一笑。

我们依然过着平静而又充满小小惊喜的生活，唯一不同的是，租住的公寓从两间变成了一间，我像个小妻子一般，为他煮饭，洗衣，整理屋子。而当他每晚拥我入眠时，我会觉得，这就是我此生遇到的最好的爱情。

度过了最艰难的那段时光，可闲暇的时候，他仍然喜欢背着吉他在大街上弹唱，《月亮代表我的心》成了我俩的经典曲目，整个唐人街的人都知道，有一对来自中国的吉他情侣在这一带唱歌。

为了争取到多一些的留美机会，我决定读研，黎睿星表示赞同。只是分数出来，我留在了旧金山，而他因为几分之差，被波士顿的 Clark University（克拉克大学）经济研究院录取。

我们开始了分隔两地的生活。

为了节省开支，我俩开始时一周见一面，基本都是他坐飞机来旧金山找我。后来，见面的次数变成了一个月，两个月……最长的一次，四个月没见面，我说去波士顿找他，他却推脱自己很忙。

我终于开始察觉不对劲。

和他在一起五年多，我从一个懵懂天真的小姑娘渐渐蜕变成一个从容淡定的女人，我幻想过很多次他跟我求婚的样子，可是五年啊，我的青春这样短暂，他却一个字也没有提起过。

我终于忍不住，订了航班飞去找他。我问他："黎睿星，你想过跟我结婚吗？"

那是我第一次叫他的中文名，一个字、一个字，念起来格外生涩。

他沉默了许久，最后还是没有回答我的问题，他说："玥玥，男人应该先立业，再成家。当我一无所有的时候，我不知道能给自己的另一半带来什么。"

我的眼泪突然无法控制地流了下来，我问他："你这句话，是不是在说，你压根就没有把我列入你的人生理想和未来规划中？"

他依旧沉默，嘴角微微抿起，那道法令纹再没有之前迷人的轮廓。

"不是的，我想娶你，但现在不是时候。"半晌，他一脸疲惫地摸了摸我的脸，"玥玥，我要回一趟国。我爸生病了，我可能要很久才能回来。"

黎睿星回国后，我的情绪低落了很长一段时间。我看不清未来，整个人像个暴怒又焦灼的易碎品，此时，是关霖玺再次出现在我的世界，不停地鼓励我，支持我。

我感动，可又有些愧疚。我对他说，"霖玺，你不用对我这么好，我什么也给不了你。"

"我对你好不是为了得到什么。既然你把我当朋友，我就应该帮你排忧解难。"他淡淡地笑，眼神清亮，"玥玥，这是我唯一能为你做的事情，也是我一个人的事情……我心甘情愿。”

7.

我以为，我和黎睿星哪怕历经再多的磨难，也不会分开。我们一起共同度过最艰难的日子，也经历过最危险的时刻。我想，在那样惊心动魄的时刻，有一个男人肯紧紧握住你的手，而不是罔顾你的性命独自逃离，就代表他愿意与你生死与共。

直到有一天我偷偷回到中国，却看到他载着一个陌生女孩飞驰而去。女孩的脸上笑容飞扬，是典型的恋爱中女人该有的状态。

当天，我收到关霖玺的信息：华人圈子的朋友说，Mars 其实是个富二代，他接手了家族企业，刚刚和一个房地产老板的女儿订婚。

我像个傻子一样，在人潮汹涌的街头哭到昏天黑地。不知是在哭自己被他这个富二代欺骗了这么多年的愚蠢，还是在哭珍藏了小半生的爱情终将随风而去。

我以为，我们给予对方的信任足以坚固到抵挡一切暴风雨，却不曾想，时间轻而易举地摧毁了一切。我们像两条背道而驰的鱼，海浪逆流而上，将彼此的身影推向远方。

再悲伤的事情也不过如此，失恋而已，日子还要继续。

研究生毕业，我在南旧金山的一家进出口贸易公司做销售。关霖玺常常来找我，有时吃饭有时看电影，却从无逾越之举。只是我总感觉他越来越清瘦，每每问起，他也总说工作太忙，没时间好好享受生活。

我叹了口气。工作忙，却依然记得我的一切，这样深沉的感情，说不感动，那是假的。

直到 2017 年的圣瓦伦丁节，他突然约我出来，我犹豫了下，还是点头应允。

红酒烛光，浪漫的氛围，昂贵的法餐。他什么也不说，可我能看懂，他眼中的期盼。

想起自己糟糕的爱情，一整晚，我都食不知味。看着对面关霖玺担忧的眼光，我笑笑，问他："不求回报地守着一个人，累吗？"

他摇摇头，笑容很淡，语气却又格外坚定："守护一个人是一件幸福开心的事情，为什么要觉得累？"

那晚，我接受了关霖玺的告白。半年后，我答应了他的求婚。

他只用了一句话便打动了我："玥玥，我想给你一个安稳幸福的家，我不想让你在异国他乡继续流浪了。"

是啊，我已经 25 岁了。最好的年华都用来祭奠了青春和爱情，我再也没有肆意浪费的资本了。

从此，爱情与我天各一方。漫漫此生，我们终将学着彼此遗忘。

8.

我一直以为，我和黎睿星此生不会再有任何交集。可是老天爷，不甘就这样让我平淡一生。

酒馆的老板是关霖玺的堂哥，我常常出入，又因为感兴趣，跟着调酒师 Ava 学了一手好技巧。结果，偏巧那天她请假，我临时补漏，就这样遇见了微醺的黎睿星。

他半低着头，不停地问我要酒喝，我阻拦无效，只得招呼人一起将他驾到一旁安静些的卡座上。

然而，就在我放他入座的下一秒，他突然伸出双臂，一把将我拉向他，唇齿间呢喃，“不要和别人在一起，不要丢下我一个人……”

心跳漏了半拍。

我缓缓蹲下，蹲在他面前，“你知道我是谁吗？你确定没有认错人吗？”

他一只手轻轻抚上我的脸颊，“玥玥，这一年，我一直很想你。”

脑海里一个声音反复回响：“上帝说，你不是我的。”

我撇了撇嘴，终于没出息地哭了出来。

那晚，我得知，黎睿星早已和那个地产商老板的女儿解除了婚约。当初离开美国是因父亲重病，又遇家族纷争，迫不得已，只能靠假意联姻度过危机。

不知道这场战役需要多久，也不知会不会有竞争对手将我作为软肋来威胁他。黎睿星终日惶惶，思忖了很久，终究没有告诉我真相。

他不知道我回过国，以为隐瞒便是对我最大的保护。却不曾想，再回来，看见的是我手上的钻戒，以及我和另一个男人相携而去的背影。

我无法告诉任何人，就在关霖玺向我求婚后的第二个星期，他突然晕倒，然后被医院确诊为结肠癌晚期。

他要退婚，被我拒绝。我笑着看他，“送出去的戒指，哪有收回去的道理？”

他握住我的手，头一次哭得像个孩子。

而那一刻，我的心也渐渐沉了下去。陪伴，成了我对他尊严最后的守护。

冬日的旧金山夜寒露重，冷得让人绝望。

我看着黎睿星哀伤又迷离的眼，泪悄无声息淌了满脸，却只能佯装无事地擦干。

这些年，我和他都在用自己的方式，自以为是地爱着对方。

可其实，我们都错了。

那天之后，我再没去过那家酒馆。但是听关霖玺的堂哥说，在得知我很快就要举办婚礼后，黎睿星几乎夜夜都来买醉，仿佛世上只有酒精，才能麻痹他的一切情绪。

婚礼前一夜，他发信息问我：玥玥，如果我回来求你，你能不能不要跟那个男人结婚？

我没有回复。

我只盼着他不要出现在我的婚礼仪式上，那样的场面，我无力承受，也无法面对。

可他还是来了，穿着笔挺的深灰色西装，在肃穆又庄严的教堂，目送我和另一个男人彼此承诺，相拥亲吻。

交换戒指的那一刻，关霖玺突然伸出手摸摸我的脸，“玥玥，委屈你了。”

面前的男人比去年瘦了一圈，他的眼窝微微凹陷，眼神却还明亮。我笑笑，“嫁给你，不委屈。”

9.

关霖玺的遗体火化那天，大雨倾盆落下，亲友寥寥无几。

骨灰盒被他的母亲捧在怀中，我搀着她，只怕风一吹，这位苍老又憔悴的女人便会晕倒过去。

她拍拍我的手，似乎想说些什么，终究叹息了一声，说，“玥玥，谢谢你。”

我摇摇头。有什么好谢的呢？

我们没有注册领证，没有去相关机构做过公证，所以不算是合法夫妻。可他临终前没敢说出口的愿望，我觉得自己有义务为他完成。

婚礼是我主动要求办的，婚纱礼服也是我亲自定制的，亲朋虽不多，但足以见证这最庄严的时刻。

这个男人已经用自己的方式默默陪伴我走过了整个青春，我该谢的人是他。而他最后一段路程，我自然也会护送他走到终点。

我感激关霖玺。无关爱情，他是我生命中最重要的亲人和朋友。

10.

我和黎睿星的关系变得很奇怪，从曾经的甜蜜恋人变成如今的恋人未满，他守着我，就像当初始终站在我身后默默等待的关霖玺，不急不慌，从无逾越。

27 岁生日是一个格外晴朗的星期天。距离关霖玺离开，已经整整一年。

那天，黎睿星约我去渔人码头，说有东西要送给我。

原本不想去，可架不住他反复哀求。

一步步走到渔人码头，就看见一个西装革履的人抱着吉他，自弹自唱着那首《月亮代表我的心》。

“你问我爱你有多深，我爱你有几分，我的情也真我的爱也真，月亮代表我的心……”

歌唱了一半，他突然单腿跪地，从兜里掏出一枚钻戒。

“玥玥，嫁给我吧。”

周围的人群开始尖叫和起哄，他的目光炽热而又坚定，我一时慌了神。

“你在干嘛？”我急了，上前试图拉起他，“Mars，我结过婚，我现在是个寡妇！”

“玥玥，你别再瞒我了。我见过关霖玺的母亲，她说你们并没有真的注册登记，只是一个仪式而已。还说让我要勇敢点，别再辜负你一番深情。”他的眼神格外清亮，笑了笑，“况且，就算你真的有过婚姻甚至有了孩子又怎么样？我想和你在一起，这是我唯一确定以及无比肯定的事情。”

渔人码头本就是热门景点，他的一首自弹自唱加上求婚大戏，周围看热闹的人越来越多。

我表情僵硬，站着没有说话。

即便没有注册结婚，可婚礼仪式是真的，大家的见证祝福也是真的，我不知道黎家的人能不能容纳我，在得知他那样的家世背景后，我对自己其实更加没有信心。

我不是不信他，而是不相信自己。

“我知道你现在心情复杂，没办法立即给我答复。”他笑，嘴角的法令纹微微勾起，“没关系，反正地球是圆的，缘分转啊转，总会把你再转回我身边。一辈子很长，我有足够的时间和耐心，慢慢等你给我一个回复。”

认识这么多年，这还是他第一次对我说起这样缠绵的情话。心脏在胸膛里“咚咚”跳个不停，初见时小鹿乱撞的感觉再次来临。

“如果你们家里人不同意怎么办？”我撇了撇嘴。

“那我就只好实话实说咯，如果娶不了你，要么出家当和尚，要么光棍一辈子！”

脸颊有些发烫，我知道自己其实是期盼的，这一生，我只期待过他一人的求婚。

我一把抢过他手中的钻戒，戴到了自己手上，低下头，用只有我们两个人听见的声音说道：“好吧，虽然我答应了你的求婚，但咱俩错过了太久，所以现在不能心急。先从恋人开始，每个步骤都不能少。”

见他一脸错愕，我微不可觉地扬了扬嘴角，“坏心眼”地补充了一句，“之前是我追你，这次，换你来追我。”

基督城：我会爱你，很久很久

“小优，新西兰那边的学校已经给你联系好了，过几天会有中介来帮你做签证。另外，爸爸给你账户里存了80万，这是你大学四年的学费。还有50万的生活费，由你妈负担，我跟她商量好了，明天一早她就把钱打到这个账户里。”

西装革履的男人将一张银行卡轻轻放在我面前的桌上，一脸期待地看着我。

父母早年离婚，我从初中起开始住校，高中又独居，跟两边的关系都不大亲近。原以为只要我长大了就能跟他们多一点沟通，没想到，这次他主动约我出来，聊起的话题竟然是要送我出国。

我说前段时间我妈怎么一直催着我去考雅思，原来，这两个人早就商量好了，是要把我这个拖油瓶一脚踢出去啊！

我笑了笑，没说话。刚刚见到他时心里那股热乎劲儿，在他貌似慈祥的表情中慢慢冷却。

见我并不表态，谢先生顿了顿，又道，“如果你觉得不够的话，我就再给你20万。”

“不不，够了，绝对够了。”我这人向来懂得见好就收，迅速拿过银行卡塞进随身携带的小包里，笑容乖巧又体贴，“谢谢爸爸，我会好好读书的。”

1.

深秋，阴雨。寂静的夜，连一根针掉在地上的声音都格外清晰。

我就这样，开始了我在基督城孤独的大学生涯。

说是孤独，倒也不算真的孤独。因为入学第二天，我便在学生食堂认识了全系除我以外唯一一个中国籍留学生，夏梓晖。

嚼着口香糖、吊儿郎当的俊朗小生打完饭转身，没有留意站在身后的我，于是，热腾腾的咖啡洒了我一身。

他慌忙道歉，伸过手来就要帮我擦咖啡渍，没想到，好巧不巧，碰到了我的胸部……

从那天起，整个学院都知道，有个叫谢小优的中国女生极不好惹，因为在食堂被“性骚扰”，她勇敢地与黑暗势力斗争，给了坏人重重一击。

也算不打不相识吧。后来，当夏梓晖再次说起初见时的种种，总是指着自己的脸颊感慨万分，“你当时给我那巴掌的时候，我都没有感觉到疼，我就想啊，可千万别被你打破相了，不然，我被誉为‘基督城留学生圈第一美男’的称号可就保不住了！”

我笑他贫嘴，“要真打坏了，我这个受害者是不是还得给你赔钱啊？”

“赔什么钱啊，多俗，顶多肉偿！”

他贱兮兮地笑，笑得风生水起。

我看着他明媚又爽朗的眉眼，突然觉得，未来四年的生活，似乎也不算特别糟糕。

周末我在一家华人旅行社兼职，帮着翻译一些旅游资料，偶尔接待前来咨询的顾客，常常忙到很晚才能回宿舍。

夏梓晖几次约我参与留学生圈的 Party，却都因我太忙而失约，他觉得奇怪，问我，“你能出国留学，家里应该不缺钱啊，何苦把自己搞得这么累？”

“因为我想凭借自己的努力，在这里站稳脚跟。”我抿了抿嘴。

“你要在这里站稳脚跟？意思是，毕业后不打算回国了？”

我不置可否地笑笑，看着他明亮的眼，没有回答。

夏梓晖不会明白，我如此要强，不过是因为，我的身后，从不曾有依靠。

高中时我是成绩优异却特立独行的女生，喜欢穿印着诡异 Logo 的黑色 T 恤，见谁都客客气气地点头微笑，却与谁都不曾亲近。

那时父母离婚已经近四年，我一个人住在市区他们留给我的那套老房子里，每月领到双方打在银行卡上的一笔不菲金额，衣食住行，全靠自己打理。爸爸曾云淡风清地问我要不要和他一起住在市郊的别墅，被我毫不犹豫地拒绝了。

我的童年是场不堪的噩梦，很小的时候我便在父母的吵闹和厮打中学会了忍耐和冷眼旁观。我不需要他们的怜悯和同情，也不需要太多的钱来印证这种“寄人篱下”的存在感。

所以在这个家彻底决裂后，15 岁的我毅然选择了独居。遇上阴雨天，厕所的墙壁便开始滴滴答答地漏水，小小的我不得不自己爬高上低地补修那些老化的管道，起初手忙脚乱地摔倒过无数次，可时间久了，便也成了习惯。

那时唯一跟我亲近的，只有同桌苏向南。他曾经问过我，如果父母双方选其一，我会选谁。

我告诉他，“谁也不选。因为，他们在离婚时就已经做好了抛弃我的准备。”

孤独是人类固有的宿命。

我们无法温暖彼此，只能选择背道而驰。

2.

感恩节放假，夏梓晖带我去了植物园。

我不用再去做兼职，他看起来格外开心，走路时摇摇晃晃，闭着眼，唱起了新西兰的民谣。

I write you my letter, I send you my ring，So your people can see, How troubled I am. Oh girl, Come back to me, I could die of love for you.（我写了信给你，我寄了戒指给你，你的族人都知道，我已思念成疾。女孩啊，快快回到

我身旁，我愿爱你，直到生命的终结。）

他的声音低缓又轻柔，我沉醉在歌声中，尚未反应过来，他突然上前一把拉住我的手。

“梓晖？”

在我想要挣脱时，他又忽然松开，似是自言自语一般，叹息着说，“谢小优，你的手怎么这么凉啊？我妈说，手凉脚凉没人疼。”

见我下意识地皱了皱眉，他又笑嘻嘻道，“不过你放心，以后，我疼你。”

说着，上前再度牵住我的手，目光定定看着我，“谢小优，做我女朋友吧。”

我的手指在他掌心里动了动，非但没有抽出来，反而被他握得更紧。

“小优，你不用着急回答我，我给你时间考虑。”

雅芳河从园区里静静流淌而过，风卷起粉红色的花瓣扑面而来，落影簌簌，一地如雪。

我抬起头来直视他，“你跟我在一起了，那张若影呢？你就不管她了吗？”

话音落下的那一秒，夏梓晖的脸色，瞬间凝固。

和我在一起之前，梓晖在国内有一个分手不久的前女友。

那个叫张若影的艺校女生陪伴了他三年，对他的感情犹如飞蛾扑火，爱得轰轰烈烈。

就算知道梓晖出国，未来皆是未知，也依然痴心一片，愿意不顾一切地等待。

直到他向她提出分手，她一哭二闹三上吊，闹得人尽皆知。连梓晖的父母都感叹，世上竟还有如此坚贞不渝的女子。

我不知她从何得到了我的联系方式，或许是在QQ空间看见了我给梓晖的留言，或许是在微博上搜到了某些信息，女人是敏感的，她加了我的好友，单刀直入询问我和梓晖的关系。

可那时，我们其实并没有任何关系，无非是在异国他乡，走得比较近的两个留学生罢了。

她祥林嫂一般絮絮叨叨，开始对我诉说她和梓晖的从前。

我默默听着，心底寂静无声。

脑海里，就只剩下夏梓晖明朗的一双眉眼，还有笑起来，犹如暖阳的春意。

我和夏梓晖的关系，从那天之后，变得微妙起来。

他再来找我的时候，我的眼神里多了一些质疑。

我开玩笑地问他，“梓晖，你是不是传说中的那种中央空调，俗称暖男？”

他一时没明白我的意思，我于是笑着解释，“暖男的意思就是，你对每个女生都很好，好到让她们都觉得自己是特别的。但其实，在你心里，你只是喜欢这种猎奇的快感，还有她们为你着迷和疯狂时的样子，对吗？”

夏梓晖的表情突然冷了下来，他看着我，眼底情绪不明。

他说，“谢小优，不管你信不信，我都是想让你明白，我是真的喜欢你。你拎着箱子走进校园的那一刻，我就注意到你了。

新生欢迎会上，那么多的学生吵吵嚷嚷，只有你低着头沉默，看起来格格不入，可我就是喜欢你的独一无二。”我低着头不说话，脚尖踩在地面，无意识地画着圈。

他叹口气，又道，“还有，我跟张若影，不是你想象的那种关系，我也不是你认为的那种人。她的确喜欢了我很多年，但我们真正的恋爱关系只持续了不到一年，之后都是她一个人在唱独角戏，我从没给过她任何承诺。不过，我确实没想到她会这么偏执，竟然把你也扯了进来。如果伤害到了你，我代她向你道歉，也希望你给我一个机会，重新认识我、了解我。”

3.

我给许久不联系的苏向南发邮件，细细诉说起这段时间的经历，生活上的，情感上的。

隔了几天，他才回复我，只有短短一句话。

“小优，你爱上了一个人。”

我几乎是惊慌失措地关掉了邮箱。

就在我打算出去走走、散散心的时候，手机突然振动起来，苏向南要跟我视频。

他似乎格外执着，不得已，我满足了他的心愿。

可他只跟我聊了两句，便更加肯定地告诉我，“小优，我现在十分确定，你恋爱了。”

我摇头，连连否认。

“咱俩认识这么多年，我还不了解你吗？别再自欺欺人了，你的眼神早就暴露了一切。”他轻笑了一声，“或许你不知道，你眼里曾经有一种非常寒冷的东西，长时间的接触，会感觉自己也变得薄凉。但是现在似乎不大一样了，我仔细观察过你刚刚的表情，就好像冰块被融化，说话时嘴角会不经意地上扬。这是女人陷入爱情之中，最典型的表现。”

不知是不是苏向南的话对我的心理产生了某种难以言喻的副作用，那晚，我梦见了夏梓晖。

人潮拥挤的车站，火车来来去去，隔着长长铁轨，他远远看着我，目光深幽，带着我不懂的缱绻。

世界忽然安静下来，我听见了他的声音。

他问我：谢小优，我对你的心，你能感觉到吗?

我在梦中惊醒，坐起时晃神五秒，摸着胸口，心脏依然“砰砰”直跳。

漆黑的屋子，手机的屏幕忽然亮了起来。

夏梓晖发来微信。

“生日快乐。”

凌晨四点的基督城，北京时间的零点——正是我的 21 岁生日。

第二天一大早，我打电话给夏梓晖，“今天有空吗？晚上想请你吃饭。”

他似乎很惊讶，“是有什么好事吗？”

“又老了一岁，长大了，当然要找人庆祝一下。”

我在市区南部的一家中餐馆，和夏梓晖一起，度过了自己的21岁生日。

闭上眼对着摇曳的烛光许愿时，我心里想的，竟然是那首《长命女·春日宴》。

“春日宴，绿酒一杯歌一遍。再拜陈三愿：一愿郎君千岁，二愿妾身常健，三愿如同梁上燕，岁岁长相见。”

再抬起头的时候，正对上他若有所思的一双眼。

“夏梓晖，”我轻声开口，“你那天在植物园问我的问题，我想好了。”

他的表情瞬间浮现出一丝紧张。

“你之前问我，愿不愿意做你的女朋友。”我缓缓勾起嘴角，“正好我现在也缺一个男朋友，或许，我们可以试一试。”

4.

我减半了周末兼职的工作，把更多的时间留给了夏梓晖。

恋爱嘛，相处相伴才是第一位的。

夏梓晖从二手市场买了两辆自行车，闲暇的时候，我们俩骑着车，唱着歌，几乎逛遍了基督城的大街小巷。

每逢暑假，所有人回国或回家，我却独自留在新西兰，打工做兼职，一为经济独立，二为打发时间。

但是和夏梓晖在一起的这一年，他没有回国，留下来，陪我去了澳大利亚。

黄金海岸的 Dream world 主题乐园，坐在 BuzzSaw 过山车上，我死死地抓住身旁梓晖的手，始终咬紧下唇一声不吭。巨大的撞击震得我头部嗡嗡作响，然而在梓晖望向我的那一刻，我却依旧报以他一个苍白干裂的微笑。

从未感觉一分钟的时间如此漫长。腿部瘫软地挪到地面上，一个踉跄，我栽倒在梓晖怀里。

他不知道，我自小心脏二尖瓣狭窄，这种刺激的游戏，从来我都只能眼巴巴地看着别的孩子坐在上面炫耀。也正是由于这个原因，父母离婚后，我成了他们最不想要的拖油瓶。谁也不想扛下我这个包袱，去搅乱他们全新的生活。

所以，我才这么淡漠。所以，我才这样故作坚强。

见我面色惨白，他似乎也有些焦急，但又不知该如何，只是捧住我的脸不停地问，“小优，你还好吧？要不要喝水？”

我摇摇头，从背包里掏出一瓶速效救心丸，倒出十粒含进嘴里，然后问梓晖，“我们下一个项目去玩什么？”

梓晖的眼神突然变得复杂起来，他握住我微微泛出青紫的冰凉指尖，皱着眉头说，“小优，你心脏不好，为什么不告诉我？为什么还要玩这么危险的项目？”

我笑着拍拍他的肩，示意他不必担忧，“好不容易出来一趟，扫兴多不好。反正我也没有玩过，就当补偿自己了呗。”

我清晰地看见，梓晖的眼底突然绽放出一团小小的火焰，轻轻跳跃起来，不知是愤怒，还是心疼。他用力攥住我的肩膀，将我向他拉近，柔软湿润的唇便那样毫无征兆地落了下来。

闭上眼，恍惚看见经年的流光飞舞，似一场短途梦。

仿佛经历了长长的一个世纪。梓晖终于松开我，抚平我凌乱细碎的刘海儿，满眼疼惜。

我没有告诉他，这是我的初吻。

5.

大三下学期已经没有什么课业，我不想每日除了恋爱便无所事事，于是通过朋友介绍，进入了一家房地产公司，专门负责接待华人看房团。

起初梓晖是不同意的。

他一脸委屈地看着我，“你看啊，你已经有了一家旅行社的兼职，现在又要跑去推销房子，等于除了吃饭睡觉上课，你这一周就没什么时间来陪我了！你就不能静下心来和我一起享受新西兰的阳光和风景吗！”

“不会啊，我又不是专职，只是想要充实一下自己，多接触一些事物，学习一点新东西，哪会用得了那么多时间？”我捏捏他的脸蛋，“况且工作和生活并不会冲突啊！我们未来的日子那么长，可以慢慢享受这里的好时光，不是吗？”

他知道我一向是有主意的人，沉默半晌，终究还是答应，“好吧，各行有各行的苦，你万事小心，遇到问题了随时给我打电话。”

彼时，倔强又自负的我并未意识到梓晖话里的危险性。

直到那天下午，我被一个华人看房团的老板轻薄，我终于明白，当初来做房产销售，他为何那般不情愿。

那个中年男人支开了所有人，将我困在办公室里。我满脸泪痕对他说“不”，却依然抵不过他猥琐又冷漠的目光。

直到听到门外巡逻人员的询问声，我拼命呼救，这才逃出那个封闭的空间。

梓晖匆匆赶来，顺便报了警。

然而录口供时并不顺利，因为那个老板对所有人扯了谎。他说这一切都是误会，他只是想要跟我聊聊这边的环境和房子，而我突然装哭卖惨，想要借此博得同情讹诈他。

那是我在新西兰第一次进警察局。

那是我经历过的最无助的一个夜晚。

梓晖被隔离在外，我僵硬又木然地坐在审讯室，连哭泣都不敢发出太大的声音。

终于，监控和人证被调取，证实了真正的说谎者。

我几乎是颤抖着双腿挪出了警察局，梓晖就站在门口，他紧紧拥抱住我，身体同我一样因害怕而颤抖。

他一遍又一遍抚摸着我的脸，不停地说，“你没事就好，没事就好。”

我的心底有一束小小的火苗，燃烧在冰冷又寂寞的大地，照亮了整片黑暗荒原。

这样的温暖一直持续到回学校。

他牵着我的手，突然转头对我说，“你把所有兼职都辞掉，以后每个月，我给你钱。我养你。”

不容置疑的口吻，像一颗炸弹，爆裂在空中。

“你什么意思？包养我？”我难以置信地看着他，扯了扯嘴角，笑，“梓晖，今天的事情只是一个意外，我可以辞职，去找别的工作。相信我，我有独立赚钱的能力，不需要别人来养活！”

6.

那晚，我和梓晖经历了一场前所未有的争吵。

整整一周，我们没有任何联系。即便在食堂遇到过 N 次，我也假装看不清他欲言又止的表情，毫不犹豫转身离开。

我知道，梓晖是为我好。他担心我受伤害，于是用自己的固有思维为我设计好了未来。

可他不明白，我有我的骄傲和尊严，更有属于自己的底线。

很早时，我曾在一本书上看到一句话：承诺只是偶尔兑现的谎言。

这个世界上，没谁离不开谁，能依赖仰仗的，只有自己。

自小生活在那样一个家庭里，我感受不到温暖，也没有学会爱的能力。但凡我想要得到什么，必须靠我自己，付出百分百的努力。

但是梓晖不同，他含着金钥匙出生，父母疼爱，我刚认识他的时候就曾听说，他的家人已为他铺好了路，学成归国，便会接手家族产业里的最好资源。

你看，我们的生活环境和家庭氛围天差地别，想让彼此接受对方的好意，要么一方妥协，要么两败俱伤。

我在一个美好的黄昏，等来了梓晖的求和。

他张开双臂紧紧抱住我，眼里满是疲惫，“谢小优，我输了。我就是贱，宁可放下尊严，没皮没脸，也要回来，跟你说声对不起。”

心脏突然有些微微的瑟缩。我缓缓伸出手去回抱他，嘴巴张了张，想说什么，却无从表达。

不知这样静默了多久，他再度开口，认命一般叹息，“谢小优，我也不知道是中了你的毒还是蛊，我可以忍受你对我发火或者冷漠，但我不能忍受你离开我。所以啊，我想了一个两全其美的办法。”

他微微松开双臂，低头看我，眼底有星光，“我也找了一份兼职工作，很安全，最重要的是，现在急缺人手，而我跟老板推荐了你，他同意了。”

四年的时光一晃而过，和梓晖一起上课、一起打工，成了我最开心的一段回忆。

大学毕业，梓晖的家人打过几个电话叫他回去，他不肯，执意留下来陪我。

兼职工作已经转正，我们在公司不远的地方租了一个一居室的小公寓。房子不大，但十分温馨，里面的每一处摆设，都极尽心思。

梓晖说，这就是我们的家。

“家”，多么熟悉又陌生的字眼，可这里的生活这样缓慢，我慢慢爱上了这种慢节奏生活，爱上了和梓晖同在一个屋檐下的温暖。

我以为我们可以这样避世般安安静静过起自己的小日子，直到父亲的出现，再度打乱了我的生活。

他来新西兰度假，顺便向我介绍他二婚的妻子和四岁的儿子。

小资又奢华的法式餐厅，他一身西装革履，原本鬓角的白发被染黑，看起来容光焕发，那个软嘟嘟的小胖子被妆容精致的女子抱在怀里，这一家三口，多么和谐。

我笑盈盈地看着他们，味同嚼蜡，内心却没有一丝波澜。

一顿饭结束，回到家，我将自己关进卫生间，看着镜子里苍白憔悴的自己，摸摸脸，却只摸到了一手泪。

孩子，四岁的孩子！

他前脚将我送出国读书，后脚便又再婚生子，而这么多年了，我竟一无所知！在这个家里，我到底算什么？

我伏在水池旁哭到不能自已，直到身后的一双臂膀将我揽入怀中。

“别哭，别哭。”他像是哄孩子一般，吻了吻我的侧脸，喃喃道，“没关系，我会给你一个家。小优，你要等我……我会给你一个家。”

7.

幸福的时刻总是短暂，安稳日子没有持续太久，梓晖便接到他父母的电话，说是家里有急事，让他买了票匆匆回国。

没想到，他前脚刚走，后脚我便接到了张若影的越洋电话。

我都还没反应过来，便听到她泼妇一般，歇斯底里的谩骂，“谢小优，我从来没有见过你这么不要脸的女人！你知不知道他爷爷重病，差点就见不到他最后一面了！你怎么这么自私，凭什么让梓晖留下来陪你！”

“张若影，我想你应该是搞错了。第一，是他自己愿意留下来陪我的，我可没有勉强过他；第二，我们都不知道他爷爷病了，这事儿根本怪不着我；第三，你现在跟夏梓晖没有任何关系，你有什么资格对我指手画脚？”

她被我反问得一愣，顿了大概十秒，电话那头终于再度传来她的声音，“谢小优，我一直很奇怪你到底是个怎样的女生。还现在看来，果然是个厉害角色，难怪能把梓晖哄骗得团团转。”

“过奖了，我可没你厉害。”我冷冷道，“明知道没有机会，却还要往死胡同里钻。你不觉得自己就跟个跳梁小丑一样，特别哗众取宠吗？”

挂掉电话，我坐在阳台上，看着窗外落在草坪上的几只喜鹊，突然有些迷茫。

夏天快要结束的时候，夏梓晖回来了。距离我们分开，已经整整三个月。

他张开双臂紧紧拥抱我，仿佛卸下了一身疲惫。

晚上一起吃饭，他突然掏出一个锦盒，里面躺着一枚金色的戒指。

“小优，这是我奶奶当年出嫁时，我爷爷的母亲给她的。可能现在看起来，这种纯金戒指不是什么值钱的东西，但对于我们家来说，这是传家宝，是要和我相伴一生的人才能佩戴的老物件儿。”

我看着他，不知何意。

“我不是没有钱买钻戒，但我觉得，拿我奶奶的传家宝向你求婚，这样更有诚意。”

原本期待过这一时刻，可真的等到了，我却犹豫了。

我的手指藏在咖啡杯后，微微发抖。就在这时，他突然拉过我的手，将那枚小小的金色圆圈缓缓套入我右手的无名指。

他看着我，眼底是一片深邃的海洋。

“谢小优，我知道这样问或许很唐突，毕竟我们相处的时间并不算多。但你是我认定的人，所以我想问你，你愿意嫁给我吗？”

如果拍成电视剧，我想画面一定感人非凡。此时此刻，我心里有温暖的感动，可是想起张若影的话，仿佛一根刺，插进了我的心里，让我对未来充满了迷茫。

这些日子，她时不时地会冒出来骚扰我一下。她指控我的自私，不在意梓晖的感受，又哭诉命运的不公，她爱了他那么多年，却依然没有得到一颗浪子的心……但其实，这些对于我来说都不是威胁。真正让我失控的，是梓晖的母亲。

我一直没有告诉过梓晖，我见过他的母亲。

第一次，是我们在一起两年时，她来澳洲出差，顺便到我打工的华人旅行社“看望”我。她一副高高在上的姿态，笑面虎般打量着我的工作服，盘问了我的经济来源和家庭构成，在得知我父母早年离异，目前我是独立赚钱养活自己后，略有深意地看了我一眼，转身便走。

或许在她眼里，我就是一个从小缺爱，长大缺钱的穷留学生而已。

第二次，是三个月前。她专程飞来新西兰，打电话约我出去，眼底几分无奈几分哀愁地说：“梓晖的爷爷身体不好，不知还能坚持多久。你多劝劝他，人这一世不容易，不要做出不忠不孝，甚至让自己后悔的事情。另外，阿姨希望你能明白，他是我们家的独子，前程无限光明，不应该为了所谓的‘爱情’，折断了飞翔的羽翼。”

回忆自脑海闪过，天花板上的吊灯光芒刺目，我闭了闭眼，再睁开时，表情里又恢复了平静。

“梓晖，我愿意与你携手。但是，未来的路还很远，谁也不知道下一秒会发生什么，咱们……”我抽回手，干涩地笑了笑，垂下眼，不太敢看他的眼睛，“咱们先走一步看一步吧。”

梓晖没有再说话。似有轻声叹息，却依旧只是微笑着揉一揉我的头发，收回了那枚锦盒。

抬头的那一瞬，我分明看见他眼底的一点星光瞬息破灭，我却仍旧视而不见，只是在心底为自己所言，狠狠地画上一个大大的叉号。

老人们总说，手凉的女子必定也是性情薄凉之人，在爱情上，她们往往攻于心计，却也总是被困在自己设下的圈套里。

我想，我果真是个自私的人，纵然是爱，也要权衡利弊，眼里揉不得半点沙子。

8.

那天之后，梓晖变得很忙，新西兰和中国两头跑，变成了名副其实的“空中飞人”。

他的爷爷结肠癌晚期，最多活不过三个月，我让他专心回国陪老爷子走完最后一程，可他放心不下我，隔一段时间就要回来一次。

梓晖的“求婚”戒指，几经辗转，也终究还是回到了我的手上。

“决定送出去的东西，哪有收回来的道理？”坐在教堂广场的长椅上，他笑着，将锦盒放在了我的手边。

“谢小优，不管你信不信，你是第一个，让我真正心动的女孩子。是，你以前对我的猜测没错，在中国的时候，我仗着自己长得不错，万花丛中过，片叶不沾身。可是后来，在新西兰遇到你，我突然觉得，我想好好谈一段恋爱……和你谈一段不分手的恋爱。”

见我盯着锦盒发呆，他叹了口气，拿过来打开，拉过我的手，硬是将戒指套在了我的无名指上。

“梓晖，你家里的事情我都知道了。我很抱歉，在你最焦头烂额的时候，不能帮你任何事情，还要给你添麻烦。”看着已经被牢牢固定的戒指，我有些犹豫地开口，“我知道你的家人不允许你留在这边，如果以后要远距离恋爱，那样我们都会很累，不如……我们暂时分开吧。”

“他们都疯了，你也疯了吗？”他似笑非笑，眼底却无温度，“我这个人，要么不给人承诺，但我承诺过的事情，这辈子都不会变。谢小优，你记住，不管以后咱俩结局怎么样，我都会守着你……直到我死。”

梓晖回了国，带着我冷漠的一句“分手”，回到了那个全家对他寄予厚望的城市。

变回“单身狗”后的很长一段时间，我几乎夜夜失眠，严重到不得不找心理医生，寻求治疗和安慰。

可每每接受催眠治疗，我都会想起他打包行李那晚，我们静静坐着，相顾无言。午夜的钟声响起，他终于抬眼，轻声问我，“谢小优，这四年里，你有没有爱过我？”

看着他期待的目光，我心口的那根刺愈发疼痛起来。

闭上眼，让自己大脑放空三秒，我睁开眼，苍白地看着他，轻轻摇了摇头。

对不起，梓晖，我骗了你。

我没有爱过你，可我一直爱着你。

只是，你这样年轻，未来前程似锦，我这个负累，不应该成为你前方未知的绊脚石。

梓晖，这四年我很幸福。我已经拥有足够多的回忆，多到，可以一个人，过完漫漫此生。

我和梓晖再没有过联系。可是我知道，他接手了家里的生意，成了董事会里最年轻的成员；他的爷爷去世，他在灵堂前愧疚地磕头，因为没有在老爷子生前带回他的新娘；他被家里安排过无数次相亲，却都无疾而终；他变得沉默寡言，习惯性地抽烟，整个人瘦了一圈……

我不愿承认自己已经失恋，也不愿承认自己每隔几个月就会悄悄飞回国，观察他的一点一滴。

金三顺说：回忆是不具备任何力量的东西。

可我只能假装活在那段幸福的往事里，在北京人潮汹涌的街头尾随他的身影和喜怒哀乐，在新西兰残留他气息的屋子里一遍又一遍地放声哭泣。

9.

再回国时，四季更迭，又是一年。

暮春的雨来得有些突然，我没带伞，被浇了个透心凉。从婚宴厅的化妆室换了干净的衣服出来，正低着头摆弄手机，一个人影挡在前方。

我抬头，整个世界突然静止。

“梓……梓晖……”

唇齿间话不成音，无数光影从眼前掠过，我怔怔站在原地，一时间，仿佛听不见心跳的声音。

说实话，我压根没有做好重新与他见面的准备。可好巧不巧，只是回国三天，参加母亲与那位澳大利亚华裔的再婚典礼，便让我在金碧辉煌的酒店，遇到了这个夜夜思念，却想见不敢见的人。

“嗨，没想到在这里遇见你，也是受邀来参加宋女士婚礼的吗?”他淡笑着看我，表情里带着生疏的客套。

我苍白地笑了笑，“她是我母亲。”

他的眼神有一瞬间的讶异，很快又恢复如初，“下次回国记得提前打个电话，我可以安排人去机场接你。”

没有久别重逢的惊喜，他的表情淡到，仿佛我们只是普通朋友。

曾经在脑海辗转千万次的话语，如今却一个字也说不出来。

“不，不麻烦了，我还有事，先走一步。”

低下头，与他擦肩而过的瞬间，我吸了吸鼻子，蓦地红了眼眶。

整整一下午，我的精神萎靡不振，连平日里对我漠不关心的母亲，都看出了异样。

“小优啊，你是不是不舒服?我还要跟一些朋友聚一聚，你先回去吧。明天不忙了，我带你去星光天地转转。”她摸了摸我的脑袋，叹了口气，“这些年，妈妈太冷落你了，想想啊，真是对不住你。”

“没有，你跟爸爸为我提供了最好的物质保障，还送我出国念书，我很感激。所以，你没有什么需要自责的。看到你跟我爸都找到了各自的幸福，我很高兴。”我上前，拥抱这个记忆里始终有些模糊的女人，“不过，我打算明天回新西兰。公司有点急事，老板叫我回去处理。”

“你才刚回来多久就要走？飞机光中转就要那么长时间，还不够折腾呢！”她微微推开我，皱起眉头，“晚几天走吧。我有个朋友的儿子正好单身，还说让你们见一见呢！你也老大不小了，自己的事情不上心，离家那么远，我这个当妈的再着急也没用啊！”

着急离开，不就是因为自己的懦弱，该面对的不敢面对，该出手时不敢出手吗？

可是，梓晖的事业刚刚起步，怎么能容得了任何干扰？我不愿回国，又不忍他放下一切来陪我，鱼和熊掌不可兼得，只有离开和等待，才是我最好的选择。

我笑了笑，婉言拒绝，“又不是这辈子都不回国了，以后有机会吧。”

我在街边的咖啡店里，抱着一杯凉透的拿铁，一直坐到晚上九点。

我给向南发信息，我问他：爱一个人很累，可是不爱时会很痛，我该怎么办？

隔了很久，他才回复我：爱情的事情冷暖自知，自己开心就好。

淅沥沥的小雨来得有些突然。我撑一把黑伞，踩着一地泥泞晃晃悠悠回到老房，耳机里是张学友的《淹没》，电影《色·戒》的主题曲，唯美又悲伤，好听到令人绝望。

三公分的高跟鞋在配合着雨滴声“哒哒”作响，楼道的声控灯突然亮起，一双手从身后伸过来，就在我吓到尖叫的前一秒，熟悉的味道，熟悉的声音，铺天盖地将我淹没。

“嘘——是我。”

心跳突然有一瞬间的窒息。

他将我的身体扳过来面冲他，俯下脸，眼神迷离，却星光熠熠。

“谢小优，谢小优……”他将我的脑袋按向他的肩窝，一遍又一遍念着我的名字，带着微醺酒气的温热喷薄在我耳畔，“你回来了，我很高兴，你终于回来了。”

10.

雨下了整夜，却依然没能让飞往新西兰的航班延误晚点。

梓晖送我到机场，临别时，我站在安检口外和他挥手道别。我希冀他说些什么，又希望他什么也不要说。

而他如我所愿，只是静静看着我，笑了笑，真的什么都没有说。

耳机里始终循环着一首曲调，我闭上眼，听着飞机发动机发出的巨大轰鸣声，心底的悲伤无限蔓延。

昨夜的静静拥抱，仿佛一场梦，停滞在了暮春的雨夜里。

“早知道是场祸灾，以为可以躲开，这意外意料之外，是天意上天的安排。”

日子有条不紊地进行着，新西兰的阳光温暖又安逸，安逸到我仿佛快要忘却那个雨夜里的拥抱，还有沉溺在回忆里的芬芳。

梓晖的母亲给我打来电话，这一次和颜悦色，告诉我，儿孙自有儿孙福，她不反对我们交往了。

就在我惊讶她态度180度大转弯的时候，我的公寓里迎来了一位故人。

那天回家，打开门，惊讶地发现，房间里似乎不大一样了。

客厅的茶桌上摆放着男人的钱包和手机，我以为自己进错了屋门，直到看到那张熟悉的脸，我恍然惊觉，距上次一别，又是一季。

“我家里为我安排了一门亲事，是我妈一个老同学的女儿，据说常年旅居国外，本人很神秘，还没跟我见面就走了。我原本想要拒绝的，不过看到照片后，我觉得姑娘长得还不错，很有眼缘。况且我也是奔三的人了，婚总是要结的，一直单身的状态也不利于身体健康。所以，我决定出趟国，亲自会一会我的相亲对象。”他打着官腔，却笑得迷人，“谢小优，我翻越千山万水，不远万里来跟你洽谈跨国相亲事宜，这么有诚意，你感不感动？”

我傻了一般愣愣看着他，指了指放在阳台上的行李箱和满地还没来得及收拾的男士用品，“跟我相个亲，至于像搬家似的，把你所有的行当拿过来吗？”

“当然，要是相亲成功，奉子成婚也说不定呢！所以，这段时间我努力工作，把公司的部分业务拓展到了新西兰。这边华人市场很有潜力，我比较看好，也希望未来，我能和我的相亲对象携手共进，拥有一片属于自己的小天地！”他咧开嘴笑着，手里拿着一串钥匙，一步一步缓缓向我走来，像是踩着光，所到之处一片骤亮，“谢小优，我很高兴你没换锁。这样看来，你其实也一直在等我啊。”

钥匙被扔到一边，沿着抛物线落在地上。他站定在我面前，双手捧起我的脸，缓缓俯下脸，惩罚似的吻狠狠落在我的嘴边。

“承认吧，谢小优，你是爱我的，所以你愿意等我。”

我闭上眼，迎接他甜蜜的“惩罚”。

梓晖，你说得对。我们会彼此相爱，拥抱相守，很久很久，直到生命的尽头。

PART THREE 秋叶·守护

慕尼黑：我祝你们幸福，尤其是你

“玩狼人杀这么多年，我从来没有失算过。”他微微眯起眼看着我，指尖烧灼的烟蒂忽明忽暗，“可你是个意外。三次了，我竟然三次都没有猜到你才是终极大 BOSS。”

被刚刚认识的帅气男人如此夸赞，我还是有些不好意思，双手摩挲着面前的咖啡杯，我笑了笑，“大概是我运气好吧。说实话，这种桌游类的项目，我也是第一次参与。”

“不，司雅，不是你运气好，而是你的眼睛太有欺骗性了。任谁看到你这双无辜的眼睛，都没有办法猜测你是狼人啊。”他轻轻弹了弹烟灰，抖落一地尘埃。

“不过，很高兴能认识你，这里的华人学生不多，希望你可以常来。”顿了顿，他起身熄灭了烟，拎起挂在椅子上的呢子大衣，向我伸出一只手，“还有，我叫路易，容易的易。Herzlich willkommen in München，欢迎来到慕尼黑。”

我拘谨地同他握手，再收回时，手掌心里有一张纸，上面写着一串电话号码。

1.

慕尼黑，星期六，阴。

来慕尼黑近一个月，我和同批赴德的所有交换生一样，循规蹈矩地过着上课、宿舍和超市的三点一线生活。直到前两天，跟我关系不错的周博轩突然提议参加一个当地留学生组的桌游局，出于无聊，我便跟着来了。

我就是在这里认识了路易。他是留学生社团的负责人之一，来德国八年之久。他研究生所读的社会学专业让他立志成为一名助人为乐的志愿者，于是，原本打算自住的公寓，就这么贡献出来，变成了招待大家每周一聚的小天地。

留学生的生活其实并没有别人想象的丰富多彩，之前在电视上看到他们花花绿绿的精彩人生，结果真的来了，却变成了桌游、桥牌和做中餐。

好在，新人一向运气不错，连赢三局的狼人杀，让我在整整一下午的乏味中找回了些许激情。

据周博轩透露，路易是这里一等一的高手，却在初见我时栽了个跟头。

“司雅，你这种小白兔似的长相，就该去当特工。具有欺骗性，不易被人怀疑。”

他靠在藤椅上抽烟，嘴角漾起一条浅浅的法令纹，笑容意味不明。

我这才注意到他的眼睛。

都说人一旦过了童真年代，眼眸颜色会变浅，可是面前的男子竟有一双黑亮清澈的眼，仿佛盛满浩瀚宇宙里的星光，洋洋洒洒，落满了我的整颗心房。

傍晚时下起了细雨，路易非常诚恳地邀请我们留下一起包饺子，并且希望，我这个唯一的女生可以给他搭把手。

我张了张嘴，本想说自己不会，却在看见他那双满含笑意的眼时，忽然没了声响。

我一手举着擀面杖，一手捏着圆滚滚的饺子皮在案板上转圈儿，第一次包饺子还有些笨拙，生怕一不小心就把饺子皮擀出一个洞来。

同为慕尼黑工业大学交换生的周博轩站在一旁看笑话，“哟，你这是包饺子还是耍杂技呢！”

真是看热闹不嫌事儿大。我瞪他一眼，“快过来帮忙！”

他撸起袖子，正准备过来，却被另一只手臂挡开。

“我来吧。”低沉的嗓音带着微微磁性，自我头顶蔓延开来。抬头，便迎上一双如大海般，乌黑深邃的眼。

他目光真诚，带着扑面而来的暖意，我向一旁错了两步，腾出了位置。

年轻男子熟练地揉面、擀皮、和馅，惭愧的同时，也在心里为他点了一个大大的赞。

都说会做饭的男人格外迷人。我突然无比期待，未来某一天，有个男人放下一切为我洗手作羹汤，这该是一件多么美好的事情。

2.

自从加入这个小社团，我和当地的留学生群体渐渐熟络，自然，和路易的联系也多了起来。

有时他会组织大家去唱歌，可 KTV 的消费实在太高，对于我们这个群体来说还是稍显奢侈。所以大部分时间，我们都是在他的公寓里做着固定的几项活动：桌游或打牌，喝茶和做饭。不过，一堆人在异国他乡聊着天做中餐，彼此关照相互分享，也算寂寞中唯一开心的事情。

我再也没有赢过狼人杀游戏，可我其实一点都不在乎输赢。我只是嘴馋，喜欢吃他亲手烤制的饼干和蛋糕。

不得不承认路易厨艺了得。浓郁的可可渗入麦香，咬一口，如深夜食堂般温暖人心。

我于是央求着让他教我做饼干。

打发奶油蛋液、筛面粉、压模具、烘烤……路易教得耐心，我学得自然也细心。

周博轩惊得下巴都要掉下来了，“司雅，你在国内时不是十指不沾阳春水么，怎么突然变贤妻良母了啊？”

我白了他一眼，“多学东西没坏处，以后找不到工作了还可以去当面点师嘛。”

正准备转身拿锡纸，不想路易就站在我身后，当正不正的，两人就这样撞了个满怀。我一惊，趔趄着向后退了一步，抬头望向他的时候，发现他的手虚虚扶在我腰间，一句话没说，眼里却写满了关切。

我的脸“噌”的一下子红了。

正逢复活节放假，我计划去科隆大教堂参观。原本想让周博轩陪我，谁想到他的导师临时布置了研究课题，无奈，我只得独自前往。

宏伟的哥特式建筑位于科隆市中心，远远便可看见宏伟的两座高塔直向苍穹。日光透过彩绘的玻璃窗照进教堂，庄严而肃穆。

我怀着一颗虔诚的心前去祈祷，却不想，在这里遭遇了人生中最窘迫的事情。

在门口帮两位金发青年照相时，身后的背包拉锁不知何时被拉开，等我反应过来的时候，钱包已无踪影。

那里面不但有这个月的生活费，还有所有的银行卡和证件。

仿如当头一棒，我愣了足足十秒，大脑一片空白。

我第一时间打给周博轩，那头却始终无人接听。无奈之下，只得尝试着拨出了那个号码。

都说人在最无助的时候，若有人帮你，是一辈子都要珍惜的。我没想到，偌大的德国，唯一一个肯开三小时车过来找我的，竟是刚刚认识不久的路易。他迅速指挥我挂失银行卡，然后让我在原地等他。

我低着头死死抱住怀里的背包，像个木头，一动不动地坐在科隆大教堂的门口，从天亮到天黑。

直到一双脚出现在我的视线里。抬眼，就看见路易焦急的脸。

原本木然的情绪，在见到他后，仿佛被触动了某根神经，瞬间如数复活。我的眼泪啪嗒啪嗒掉了下来，还未说话，便听见他低沉的声音，缓慢而有力地响彻在我耳畔：“别害怕，离教堂不远就有个警局，咱们先去报案。”

他温热的手掌轻轻抚摸在我头顶。我吸了吸鼻子，心里忽然安静下来。

3.

锦上添花不稀奇，雪中送炭才是真暖意。路易不知道，从慕尼黑到科隆的那几个小时，于他这个社团负责人来说只是举手之劳，做了分内的助人之事。可于我而言，却是一场救赎。

我在异国他乡没有亲人、联系不上朋友，对一切都还不熟悉的时候，倘若不是他带着六神无主的我去报案、去大使馆和学校补办一系列证件，我这些日子，还不知道要怎样度过。

月末时，周博轩交了一个台湾的女朋友，整日不见踪影。我于是更加勤快地奔赴路易那儿，似乎只有跟着他，才能在陌生的城市里找到一丝丝安全感。

正逢一年一度的慕尼黑啤酒节，整个城市一片沸腾。路易见我好奇，便抽了时间，专程带我前去体验。

占地 42 公顷的特蕾莎广场架起十几个啤酒公司的帐篷，最大的可以容纳近 9000 人。我跟在路易身后跌跌撞撞地走，人群蜂拥而至，我下意识地上前两步挽住了他的胳膊。

他回头看了看我，嘴角笑意淡淡，“是我走得太快了吗？对不起，没有注意到你的步速。”

我连忙摇头，不好意思地笑笑，握住他胳膊的手指，却更加收紧了一些。

这一路看见不少脖子上挂心形姜饼的女孩们，我凑上前悄悄问路易，“听说啤酒节也是告白的节日？”

“没错，相识的男女通过它来传达心意，最重要的是，姜饼保质期很长，是特别适合存放的纪念品。”他带我在一处空桌位坐定，向服务生要了一盘猪肘和白香肠，说，“我不知道你能不能喝酒，之前几次吃饭从没见你喝过，但我想自作主张为你要一杯白啤。”

我抬眼看他，不明其意。

他的眼角微微弯起，嘴角的法令纹若隐若现，“我没有姜饼，也没有别的纪念品，但既然是这么好的日子，总是要庆祝下的。庆祝有缘相识，庆祝美好明天，你说对吗？”

10 月本是多雨季节。未到傍晚，又淅淅沥沥下起了小雨。

我和路易一前一后走在潮湿的街头，霓虹灯亮了起来，又为这座现代化城市添了几分烟火气息。

“Nun bin ich manche Stunde entfernt von jenem Ort……（如今我远离故乡，转眼有许多年）”

路易在唱歌，唱的是舒伯特根据诗人穆勒的诗歌集创作的民谣套曲《菩提树》，他在公寓里常放这首歌给我们听，之前不明其意，后来才知道，这是浓浓的思乡之情。

他低缓的嗓音在 10 月清冽的风里飘散开来，叶子在空中旋转着飘落，秋意浓得分外惆怅。

雨水洗刷过青石板路面，有积水的地方，坑坑洼洼聚集成一个小的水潭。

我看着脚上新买的裸色芭蕾鞋，上面已经沾染了点点泥印。正在发愁怎么淌过去，却见路易忽然走到我前面，将腿迈开，然后向我伸出手，“你踩着我的脚过去吧。”

我一惊，几乎是下意识地摇头。

然而他却不由分说，将我一把拉过。我的脚尖碰触在他牛皮质的鞋面上，仅仅几秒钟的时间，却听着自己的心脏如同打鼓一般，“咚咚、咚咚”，快要撞出心房。

4.

圣诞节，路易再次组织聚会，邀约一大帮人去荷兰看海。

欧洲的铁路系统极其发达，先坐火车到海牙，再从市内搭乘1路电车，晃晃悠悠半个多小时，便到了著名度假胜地斯赫维宁根海滩。

第一次与大西洋相遇，心里别有一番滋味。长百米的栈桥一直延伸到海里，尽头是瞭望塔，高举路灯引航前行。

大家都踩着沙子去海边捡贝壳，我原本也兴高采烈地跟风，却被碎玻璃渣划伤了脚底，只得一瘸一拐地找了家露天餐馆休息。

一个人落寞地喝着咖啡，却见路易自远处向我缓缓走来。

弹吉他的流浪歌手在唱不知名的歌，一曲唱罢，路易给了小费，忽然说道：“我以前一直有个愿望，想去游轮当服务生，整日整夜在大海里漂泊，每天一睁眼，就能看到它的波澜壮阔。”

“看来你对大海真是爱得深沉啊。”我抿了口咖啡，“不过据说游轮都是按航季签约的，在海上一漂就是7个月，不会觉得孤独吗？”

“为什么会孤独？”他笑笑，眸光千回百转，“白日有阳光，夜里有星辰，还有和你一起工作的几千名船员，不是应该感到开心才对吗？”

脚伤渐渐恢复，路易为我买了修复疤痕的药，告诉我，女孩子一定要爱惜自己身体的每一个部位。

我笑着接过，内心温暖无比。正想着要如何答谢他的关心，转天便看见了音乐剧《伊丽莎白》的演出时间表。

西方人讲究礼节，他穿着正装，应邀来听歌剧。我的手臂挎在他臂弯之间，从进音乐厅到落座的短短一段路，我却觉得像是在走红地毯，仿佛有一生那样漫长。

我的德语还没有好到完全听懂歌词的程度，可是关于奥地利和匈牙利王后伊丽莎白在自由中呼唤死亡的故事，我很久以前读过，那是种令人绝望的伤感。

我的眼泪忽然落下来，大概双鱼座的女孩子，总会比常人更加伤春悲秋。

正准备抬手擦泪，眼前忽然递过来一块纸巾。我呆呆地看着面前指节分明的手，着魔了一般，拉过来覆没到了我湿漉漉的脸上。

他似乎完全没有料到我会有如此举动，动了动手指，却并没有抽离。

我于是便更加放肆地握紧，也将脸更加贴近。路易的掌心滚烫似火，我的泪融化在这片灼热之中，如同薄雪消融的午后，瞬间花开成春天。

5.

我开始隐隐觉得，路易对我或许是不同的。因为他开始单独约我了。

每周一次的留学生聚会还是会如期举行，只是当大家都散去后，他会带我去慕尼黑纵深极长的巷子里，品尝一杯复古而又浓郁的咖啡；抑或在充满怀旧气息的艺术画廊里，带我领略文艺复兴时代的别样风情。

他像一个情怀与复古兼具的绅士，为我打开一扇窗，让我看到了更加广袤有深度的德意志。

然而就在我满心欢喜等待一切尘埃落定的时候，徐婉莹的出现，打破了我的所有思路。

她是那种长相甜美又乖巧的女生，说话声音细细软软，刚加入社团不久，便颇得一众单身男孩青睐。而她的目光，却只投向一个人，路易。

大概他身上的气质太过吸引人，徐婉莹总是有意无意找他帮忙，而他作为负责人，自然责无旁贷。

起初我并没有觉得异常，只是觉得他对她太过于热络，如同当初对我的种种恩情。我开始有意无意地排挤徐婉莹，出于嫉妒，也是女人下意识的自我保护。

周博轩似乎也看出了我与以往的不同。他曾旁敲侧击地提醒过我，最温情的人，其实也最是薄情。而我当局者迷，已经陷得太深。

我对此不置可否。

直到英国 Muse 乐队巡演那天，一群人前去观看，我被拥挤的歌迷冲散至队尾，一不小心崴了脚，剧烈的疼痛让我根本无法前进。在原地站了半天，才发现，从始至终，根本没有人注意到已经消失的我。

我呆呆站在原地，只看见路易和徐婉莹远远离去的背影，俊男美女，和谐又刺眼得让人心寒。

我没有办法欺骗自己，更没有理由让自己糊里糊涂继续陷入这段感情。

于是那晚，乐队散场，我打电话给路易，约他出来喝杯酒聊聊天。

他这才发现我没有和大家在一起，慌乱地问我在哪里，我说，“我脚崴了，就在门口，动不了。”

是的，整整一晚，我就站在演出大厅门口，一动不动，像是坚守着自己最后一份骄傲。

可是当我看见路易紧张焦虑的脸，拉住我细细检查，心里又仿如大雨滂沱，一瞬间溃不成军。

加了冰块的黑啤减缓了之前入喉的苦涩，我猛地灌下一大口，是为自己壮胆，也算一种发泄。

我问他，“你有女朋友吗？”

他显然没有料到我约他出来的目的。愣了足足三秒钟，然后，缓缓摇了摇头。

我张张嘴，想再说点什么。可是后面的话如鲠在喉，最后，我也只是笑了笑，终于沉默下来。

其实我的原意是想问，路易，我算不算你的女朋友?

可是他摇摇头，轻巧打破了我天真而又幼稚的幻想。

他没有女朋友。

我也不是他的女朋友。

6.

为期一年的交换生即将结束。崴过的脚早已痊愈，心里的疤痕却越来越清晰。

我始终没能等来路易的一句话，明示或者暗示，都没有。我们的关系就像那晚他语义含混的拒绝，月凉如水的夜里，杯盏间皆是落寞。

回国头一天，路易打电话问我，东西都收拾好了没有。我不知道他突如其来的关心意欲何为，他这样，我心里其实更加难受。

晚上的时候，他开车到楼下，带我去了慕尼黑皇家啤酒屋（Hofbrauhaus）。

必点的还是猪肘和黑啤，我有些担心地问他，这里酒驾会不会受罚，他微微勾起嘴角，似笑非笑，“这点酒不算什么，更何况还可以叫代驾。况且，这是饯行饭，今晚好好享受一把，不打紧的。”

男子的眸光依然清澈明亮，漆黑的瞳孔里似有一小束月光，隐隐摇曳。我闭了闭眼，想要逼迫自己忘记这短暂的悸动，记忆却像泄了洪的闸，每个细节都印刻得格外清晰。

我送给路易一本复古牛皮纸手账，60多页的厚度，每页一张照片和一两段心情随笔。而这些照片，有一群人的欢笑，也有纯风景的美好，却都是我和他一起，共同度过的时光。

双手递给他的时候，我勉强挤出一个笑容，“送你一个小礼物，谢谢你这一年对我的照顾。”

他小心翼翼接过，珍宝般翻过来倒过去看了半天，眼里暖意满满。

表演台上的交响乐队在演奏当红女歌手伊凡的*Fuer Dich*，欢快的曲调，放在这样离别的场合，显得有些不合时宜。

我心不在焉地听着，下一秒，却见路易从怀兜里掏出一支派克钢笔。他说:“我没有什么能够送你的，就这只笔吧，不是什么值钱的东西，可我带在身上很多年了，也是有些感情的。”

他将钢笔轻轻放在我面前的桌上，然后向我举起酒杯，“愿你今后的人生如同妙笔生花，锦绣辉煌。”

我笑着道谢。侧了侧脸，一滴泪，突然毫无征兆地掉了下来。

回国一切照旧，我继续大四的学业，闲暇时跟周博轩吃饭，聊起慕尼黑的一切，总觉得像场做不完的梦境。

周博轩跟他的台湾女朋友无疾而终。他劝我，这种没结果的事情，不要太执着。

我苍白地笑着点头。滚烫的茶水入喉，烫得心尖隐隐作痛。

只是，我显然低估了路易在我心里的地位。在我不自知的时候，他便已潜移默化侵入我的灵魂。他轻而易举地控制住了我的喜怒哀乐，只要跟他牵扯上的事情，于我来言，都是此生最重要的事情。

有一天，我翻墙去 Tiwtter（推特），却看到路易更新的一组照片。

HB 啤酒屋，还是我们在慕尼黑的最后一晚坐过的位置，同样的桌子，同样的黑啤，就连背景，都是当晚演奏过 *Fuer Dich* 的同一支乐队。

照片下面配有一句话，“你离开后，慕尼黑没有春天。”

我不知他是对谁说起，可我想，此刻的路易，一定格外伤感和寂寞。

我颤抖着手指，在键盘上打字，删删减减，最后却只剩下了一句木讷的日常问候：最近好吗？

德国已是凌晨三点，我没想到，隔着六个小时的时差，他却还未入睡。

他没有回复我的留言，而是单开了私信。他说：怀念过去。

同样四个字，在我眼前炸开一片惊雷。我坐在漆黑的屋子里，一瞬间泪流满面。

7.

大学毕业，我在一家德企工作。之所以选择这家公司，是因为它的总部，就在慕尼黑。

我成了空中飞人。大约每两个月飞一次德国的频率，让我成了同事们眼中的劳模。他们都不知道，我所有鼓起勇气的动力，都是因为，那里还有我放不下的牵念。

和路易的关系并没有我想象中的进展，只是大事小情，他依然格外上心。偶然一次接机被同事撞见，惊艳了一票人，大家纷纷问我哪里拐来的帅气“男朋友”，我笑而不语，看在他们眼里，却变成了意味深长的默认。

整整一年，我乐此不疲地享受着这种疲惫的快乐。我别无所求，只要能见到他，哪怕一面，我都无比知足。

又逢圣诞节，我向公司申请倒休，直接飞往荷兰。

路易说他想去看海，那我便陪他去。我有很多话想问他，这么久了，我们终归是要做一个了断，也算给自己一个交代。

然而我没有想到，斯赫维宁根海滩的露天咖啡馆，我再见到他时，身边却坐着一个陌生女孩。

路易笑意盈盈地招呼我坐下，“司雅，这是蓁蓁，我女朋友。蓁蓁，这是之前来德的交换生司雅，社团里的老朋友了，人特别nice！”

女朋友。终于，我从他嘴里，听到了这三个字。可却与我毫无关系，我只是他留学生社团里一张“好人卡”。

心脏，忽然像是被人捏了一下，疼得发慌。

女孩不好意思地冲我挥挥手，素面朝天的一张脸，笑起来有些许羞涩。

我盯着她看了许久，总觉得似曾相识，却又记不起在哪里见过。直到那天晚上回酒店，洗手间的镜子里映出我苍白的脸，如醍醐灌顶般，我恍然明了了一切。

我、徐婉莹，包括今天见到的蓁蓁，我们都有着相似的轮廓和长相：清纯、无辜、笑起来温和无害。

可是，为什么只有她，光明正大站在了他的身边？

我在漆黑一片的斯赫维宁根海滩上坐了整整三个小时，凌晨深冷的海风吹乱了我的头发，我终于明白，如今故事里，便只剩下了我一个人。

血一样的晨曦染红了半边天，我揉了揉一宿未眠的眼，起身，订票回国。

候机楼里，我给路易发出最后一条信息，我说：我回国了。你珍重。

我想起《奋斗》中米莱对陆涛说的话："听说你和夏琳订婚了。我祝你们幸福，尤其是你。"

我很想对路易说出这句话，可我做不到米莱那样大度。我只是一个在爱情里自私自利的小女人，沉溺在梦魇里不愿清醒，不过是怀恋他给予的那一刻温存。

所以现在，我只能故作潇洒地离开。我放不下这段自以为是的爱情，便也只能放过那个在梦魇里醒不来的自己。

8.

我是在 Tiwtter 上看到了路易与蓁蓁结婚的消息。庄严肃穆的教堂，新娘穿着洁白的婚纱，笑靥如花的眉眼，仿佛盛满了全世界的美好。

路易没有通知我，却邀请了周博轩。他从德国参加完婚礼回来，给我喜糖的时候连连感叹，“深情总被薄情误，感情这种事情啊，一旦这个度把握不好，便最是伤人心呐。”

我这才知道，路易有一个等待了很久的女朋友，就是蓁蓁。当年两个人一起考取了海洋学院，毕业后因意见分歧，她去了总部在阿姆斯特丹的 Green Peace 做海洋污染治理研究，他去了德国继续读研。

很奇怪，整整五年，他们一个在荷兰，一个在德国，彼此从不相见。看似毫无联系，却又在默默关注着对方的所有状态。

直到我隐匿地告白，终于刺激到他封闭了几年的神经。

爱等不得，深情等不得，倘若真的在意一个人，为什么要让时光白白荒废？

他主动联系了蓁蓁，得知她在美国做研究，于是便安下心来继续坚守。而我圣诞节去海牙那次，便是她回到荷兰，与他重温旧梦的开始。

我想起《何以笙箫默》里何以琛漫长的等待，曾以为小说只是小说，不想，原来现实中真的有这种感情，除了一人，其余都成了将就。

只是，这样的情深不寿，成了我心里难以拔出的刺。我们都是她的影子，却终究无法成为她的替代品。

我想起路易在 Tiwtter 上那句“怀念过去”，或许，根本就不是对着我说的。

年底岁末，我从德企辞职，去了歌诗达邮轮。

每日跟着各国来应聘的服务生端盘子清扫桌台，和形形色色的人打招呼聊天，看多了人生百态，便觉得什么样的事情都可以接受。

我始终带着路易送的钢笔，平时轻易不用，只有在工作日志中签中文名字的时候，才会有浓厚的归宿感。

我想，放下的最好方式就是接纳。我没有办法继续留在路易的身边，索性便放逐自己，替他把没做完的梦圆满。

在海面上漂泊总有思乡情，每当夜深人静，我便来到甲板，望着圆圆的月亮，听邮轮上的工作人员弹唱各国名曲。可是听了那么多的歌，我最最怀念的，还是那个眼眸深邃的英俊青年，唱起的那首德国民谣。

须臾的风吹过年轮，岁月在荒芜的大梦中生了根。

这些年，我所有的美好都给了一个人。烈火与诗歌，梦境与远方，他途经我的青春，我便再也看不见其他风景。

可他啊，是坠落云端的飞鸟，是虚无缥缈的风，我一生所爱，却只能微笑目送他离开。

航季结束的时候，我思考了很久，终于决定去他发布的婚礼照片下留言。

路易，我祝你们幸福，尤其是你。

我不悔最初的相识，也不怨你曾给我的美好幻想，即便这一生都要被囚禁在回忆的终点，我也甘愿做一粒尘埃，与你隔海，遥遥相望。

阿维尼翁：无声歌

他告诉我，上帝是公平的，遇到我，他很知足。如果我们相遇的代价，就是失去右耳听觉，那么，他心甘情愿与上帝做出这样的交换。

我站在他面前，仰起脸，静静望着他。

“Alan，我很庆幸，从今往后，我是你的耳朵，所有的声音，我来帮你传递。”

1.

我从来都不知道，自己竟是这样懦弱。

就因为向施云飞表白遭到无视，脸上抹不开面子，我竟然在冲动之下，从巴黎买了张去阿维尼翁的 TGV 高速列车票，跑到了这个青山绿水的古城里疗愈“心伤”。

我在城里随意找到了一家民宿，不为别的，只图便宜。

头发灰白的房主 Isaac 先生佝偻着身躯为我收拾房间，进屋，刚准备关上门放松一下，余光瞥过门口，一道人影闪过。

他穿着黑色的宽肩背心站在那里，隐约间可以看到从他左颈上长长一道疤。那样狰狞的弧度，令我不寒而栗。

因为这道疤，原本想要住宿的念头在脑海中左右摇摆，我甚至开始自动脑补《德州电锯杀人狂》等惊悚的电影情节。然而就在我犹豫的空当，他突然咧开嘴笑了一下。

God（天啊），那样暖腻的笑容，即便是杀人狂，我也认了。

“Hi, I’ m Alan Isaac. Nice to meet you.（嗨，我是艾伦·艾萨克，见到你很高兴。）”

我一愣。他竟然会说英语！在法国南部这个以说法语为傲的小城，简直就是个奇迹！

就在我惊讶的时候，他又说出了一句让我更加惊讶的话，“你是中国人吗？”

虽然不太标准，但确实，是中文。我听懂了。

“你会说中文？有意思。”我饶有兴趣地看着他，勾起嘴角，“你就叫我 Candy 吧。”

2.

鉴于我是中国人，为了适应我的口味，Isaac 爷爷特意做了一锅普罗旺斯乱炖，将米饭、海鲜以及西红柿、茄子等蔬菜一起烹煮后的浓香溢满整个房间，我舔了舔嘴唇，肚子突然“咕噜”叫了一声。

夹生的米饭，却抵不过爷孙俩的热情。也是这时我才知道，Alan 的父母曾在中国工作长达十年，却在一次意外中丧生，于是他被送回法国，从此与爷爷相依为命——他会说中文，一点儿也不奇怪。

真是一个悲伤的故事啊。

我伸了伸懒腰，撑着圆滚滚的肚子回到了小屋。临上楼前，Alan递给我一听可乐，冲我笑了笑说，“法国原产，希望你喜欢。”

他笑起来的时候，眼睛微微眯起，星眸明亮，唇角的弧度美好得像是一弯新月。

我感激地冲他点点头。连异国的陌生人都能给予我如此关怀，相识多年的施云飞却对我不闻不问。

而我之前竟然那么天真，还想着自己不告而别，或许他就会在意、着急。然而事实证明我果然是多想了，当我再次打开手机的时候，来电记录和短信箱里干干净净。此时，距我出走，已经整整八个小时。

打开可乐，仰起脖子咕嘟咕嘟灌了几口。我四仰八叉躺在床上，眼前，却全是施云飞波澜不惊的一张脸。

因为他颜好智商高，自打我初中时第一次跟着我爸妈去他家做客之后，瞬间就被这个长腿欧巴给惊艳到了，立志要将这个大我三岁的小哥哥定位为我终生追求的目标。

他在重点高中读书，我于是也发愤图强，中考时让我爸砸重金把我砸了进去，成了他的学妹。我没事就往施云飞教室跑，他们整个班的人都知道有个高一的小姑娘喜欢他，但他看我的眼神就像在看一个小哈巴狗，高冷的目光满是嫌弃。

就这样，我用了三年的时间去追逐，却眼睁睁地看着他顺利通过TOEFL(托福考试)和法语测试，然后背着包去了巴黎留学。

读完本科读硕士，他似乎已经决定常驻巴黎，言语间处处透露出对这个国家和城市的向往。

可是，作为一名元气少女，怎能被悲伤和绝望击倒！于是我继续发愤图强，终于挨到大四的寒假，在马蜂窝上大概看了看攻略，然后订了张飞往巴黎的机票，就这样去投奔我的梦中情人了。

我的想法很简单，就算他不愿回国，我也应该去跟他联络联络感情。爱情这事儿冷暖自知，若你自己都不主动，谁又会上赶着在意你的感受呢？

我的出现似乎让施云飞有些措手不及，但他依然好吃好喝地招待了我，还为我安排了住的地方——在他租住的公寓里给我腾了张床。

于是，那天晚上，我一边吸溜着他做的西红柿鸡蛋汤，一边咂吧着嘴问，“云飞哥哥，你觉得我怎么样？”

他莫名其妙地看着我，“挺好的啊，什么怎么样？”

我干咳了两声，厚着脸皮继续问，“那你觉得，我做你女朋友怎么样啊？”

然后，那边便是长久的沉默。

十分钟后，当施云飞抱着一堆锅碗瓢盆开始刷锅的时候，我终于知道，我被赤裸裸地无视了。

我和施云飞的房间仅有一墙之隔，可是我仿佛能听见他在隔壁清浅的呼吸。

都说智商高的人情商低，果不其然。我真想敲开施云飞的门好好问问他，姑娘我飞了十几个小时过来看你，就算是假的，骗我的，你哄我一下会死吗？

我躺在床上翻来覆去睡不着觉，越想越生气。我好歹是远道而来的客，又是他爸妈朋友的女儿，即便不喜欢我，也不要这么不把我当回事儿吧！

可是他，他竟然都没有陪我逛逛巴黎的景点，哪怕晚上抽点时间夜游巴黎，这些想法都是我痴人说梦！

第二天我终于想通了，趁着施云飞去上课的功夫，我直奔火车站，买票“离家出走”。

我以为我的离开可以给他一些刺激，结果发现，我的好坏，于他没有任何影响。

又回想了一遍这两天发生的事情，我气馁地翻了个身，拉起被子准备睡觉。

刚闭上眼，就听见轻轻的敲门声。

门外有人问，“Candy，要不要和我一起品尝些点心？”

3.

人生地不熟，我其实心里仍旧是有些忐忑的，但是基于美食的诱惑，我就这样毫无节操地缴械投降，在 Alan 真诚而又期待的注视下，跟着他下了楼。

大概这边的男女老少都是天生的美食家吧，Alan 的甜点简直烤出了米其林三星的水平，奶油香浓，甜而不腻，入口即化，酥软诱人。

我俩一人一杯白葡萄酒，端着糕点盘子，坐在小花园里看星星。

阿维尼翁的夜空真美啊，繁星点点，长长银河挂九天，似有微风吹过，连月色都变得温柔。

葡萄酒后劲略大，我晕乎乎地高举酒杯，对他说，“我给你唱首歌吧，《友谊地久天长》。嗯，就当纪念咱们这瓶酒的友谊！”

“我们也曾终日游荡，在故乡的青山上。举杯痛饮，同声歌颂，友谊地久天长。”

异国他乡的夜，我和一个陌生的男孩共同举杯，庆祝我们此刻的相识。

第二天一大早醒来，我终于还是没忍住，拨出了施云飞的号码。长时间的等待音之后，我听见了一个女人慵懒的声音，“喂……”

我僵硬地扯了扯嘴角，然后挂掉了电话。

怪不得他对我不闻不问，怪不得我“失踪”这么久他都毫不在意。果然，我的出现确实打扰到了他的生活，他用这样一种方式拒绝我的纠缠，让我明白，即便这么多年过去，纵然我曾一腔热血地付出，我在他心里，依然什么都不是。

洗漱完毕下楼，Alan 穿着一件简洁的蓝格子衬衫站在料理间煎牛排，他冲我招手，喊我过去吃早餐。

就在那一瞬间，内心忽然激荡起大片柔软的涟漪。这种感觉格外微妙，仿佛在异国他乡，终于找到了可以信赖和依靠的港湾。

吃完饭，Alan 问我，“天气不错，要不要出去走走。”

我下意识地看了眼手机，电池满格，信号不错，短信箱却依旧空空荡荡。

我抬头，看着他，微微点头，“好，出去转转。”

阿维尼翁被称为“戏剧之城”，大街小巷的墙壁上都贴满了戏剧海报。漫步旧城区，许多街道还保留着中古时期就流传的名称，比如铁匠街、木工街等。

沿着圆圆的鹅卵石小路一直走，信步可见各种手工作坊和甜品商店。橱窗里摆放着精制的巧克力和甜点，隔着玻璃，似乎都能闻到马卡龙暖腻的甜香。

古朴庄严的圣母大教堂以及热络迷人的钟楼广场就伫立在市中心，路旁种着成排的法国梧桐，人们坐在树下的露天咖啡厅里三两小酌，四处弥漫着醉人的气息。

Alan 俯身从路边的草丛中摘下一朵鲜花，轻轻别在我耳畔，他的眼中闪烁着明亮的光，“Candy，这个世界多美好啊，可是你为什么看起来并不快乐呢？”

我摸了摸发间的花朵，似乎一触碰，便能嗅到它的馨香。

“因为我喜欢一个人很久了，可他始终不接受我。”

“那你这次出来，跟他有关吗？”他问我。

我点头，老实承认，“我期待他找我，却又害怕他将我带回去，依然什么也给不了我。”

Alan 笑了笑，“你这个年纪的女孩子，不应该这么多愁善感。我们漫长的生命，不只为了爱情而存在。”

4.

恰逢那日穿了一身亚麻质地的中式改良襦裙，正红正蓝的搭配，Alan 拉住我，“走，找个地方给你拍照去。”

教皇宫矗立在城北的高岩石山上，沿着塔楼内部的阶梯拾级而上，终于登顶前塔的空旷区域，瞭望远处波澜壮阔的罗纳河，金色的阳光照在盈盈湖青的水面，青葱远山环绕，我甚至可以想象得出，晴天似油画，阴天似水墨的绝妙场景，绝对是再适合不过的拍照佳境。

我沿着堡垒的阶梯一级级站定，短暂回眸，抑或眺望远方，任 Alan 为我快速抓拍或沉静或娇嗔的表情姿态，在强烈的中西画风中碰撞火花。

傍晚坐在教皇宫旁边的小餐厅里要了两份薄切生牛肉沙拉。切得极薄的牛肉在加入柠檬汁拌匀后，配合新鲜的芝士一同入口，牛肉与蔬菜有种复合的香气，味道层次分明，酸酸甜甜非常开胃。

看着熙熙攘攘的人群在夜幕中渐渐散去，晚风微醺。

正碰上一个行为艺术家，在风中一动不动摆 Pose（姿式）。

不得不佩服欧洲行为艺术家的敬业精神，有这样大的勇气在脸上和身上涂满厚厚的颜料，并甘愿在暴烈的日光下或者迷蒙的雨雪中保持一个姿势长久不变，有时是为了艺术的需要，而有时仅仅是为了几欧元的小费养家糊口。

我起身上前，给了他十欧元，并向他深深鞠了一躬，以表敬意。

Alan 望着我哈哈大笑，“善良的姑娘，上帝会保佑你的。”

月色朦胧，Alan 带我上了顶层。窗门被他向上推开，一时间，漫天星光铺天盖地地洒进来，照得屋顶异常明亮。

他一翻身，小猴子一样灵巧地跃上房顶，然后向我伸出手，“Candy，Come on（快来！）！”

我紧紧挽住 Alan 的胳膊，生怕一不小心踩空掉下去。头顶仿佛笼罩着一个巨大的光圈，我指着天空，兴奋地尖叫，“Alan，你看，银河，那是银河！还有北斗七星，你看像不像个勺子！”

那是我第一次站在那样高的房顶上仰望星空，一时激动得语无伦次。

我们抱膝坐在高高的屋顶上，头顶是熠熠星空，眼前是湖泊和远山。

岁月静好，我仿佛突然间忘了，自己曾经疯狂多年的执念。

那晚，夜风温柔。我倚靠在 Alan 的肩头安然入睡。而我不知道的是，当我沉沉入眠之后，他用一个极其小心翼翼的姿势将我揽在怀中，就这样静默地看着我的睡颜，睁着眼睛，一直坐到了天亮。

5.

我的手机三天未响，短信箱里依旧空荡。可是我却没有那么难过了。

心里有个地方，仿佛被什么东西填满了。那种感觉就像是，狂风骤雨停歇，彩虹初霁，而我站在五彩光阑之下，鲜花丛中，我一直等待的人在对我微笑。我看不清他的脸，可我知道，那个人就是他。

然而，也是因为有了这样的想法，我的内心有些恐慌。

我开始质疑我对施云飞的感情，怎么会这样脆弱。我追逐了他那么多年，一千多个日日夜夜，却抵不过我和一个陌生人相处三天。

我的情绪开始摇摆，似乎，从前我对他存有的心思并不算是爱情，而是崇拜，盲目而又幼稚的崇拜。

翌日，Alan 开车带我去了一个叫 Fontaine-de-Vaucluse 的地方，译成中文：泉水城。

一进入小镇，便被这幅空灵绝尘的景象惊呆了。青山、绿水、小桥、城堡，以及布满苔藓的水车交相呼应，淙淙泉水仿佛一块碧玺镶嵌在山间，阳光自绿林荫翳照射下来，一切都美得不可思议，仿如人间仙境。

泉水城面积不大，吃完一根薰衣草冰淇淋，坐在泉眼边晒晒太阳，基本就了解了全貌。

约莫那天 Alan 穿了一件白色的衬衣，而我穿了一条白色的中式立领长裙，但凡经过之处，所有人都以为我们是来拍照留念的结婚新人。

傍晚在露天餐厅吃饭的时候，甚至有一个美国女人走过来祝我们新婚快乐。

我和 Alan 尴尬而笑，却并没有过多解释，大概都是不想破坏难得的好氛围。待祝福的人离开，他举起手中的酒杯，眼中溢满笑意。

“这个世界有很多美好的事情，也有很多善良的人。不管他们给予怎样的祝福，希望多年后我们回忆起来，内心都还充满喜悦和幸福。”他说得很慢，可语气坚定，眼神温柔，“来，谢谢我美丽的模特，为我们的友谊干杯！”

傍晚，夕阳落下一抹柔和，我指着远处碧绿的湖水，轻声问Alan，“你看，像不像一块绿宝石？”

他离我那样近，不过几拳之隔，却毫无反应。

我伸手在他眼前晃了晃，他回头看我，“你刚才是在喊我吗？”

我点点头。

“对不起。”他伸出手，指了指左耳，在我疑惑的眼神中不好意思地笑了笑，“我这只耳朵听觉不太好。”

我一直没好意思问 Alan，他脖子上的那道疤是怎么来的，他却主动提起了往事。

那时他还在中国，随父母参加了一个非政府组织的公益机构，前往贫困山区进行救助。山路上发生了塌方，Alan 的父母不治而亡，只留下被母亲护在怀中的他，与死神擦肩而过，从此左耳听力微弱，身上留下了这个永恒的印记。

那一年，他十二岁。

“你有没有怨过上帝，怨他不公平？”我问他，“如果我父母没了，自己又遇到这样的事情，我可能……我可能会对这个世界失去信心的。”

“为什么要失去信心呢？世界这么大，我还没有到各个角落去走一走，看一看，我要做的是感恩，而不是抱怨。”他目光望向远方，深邃却柔和，“Candy，上帝是公平的，倒霉经历得多了，好事就会来了。现在不就是吗，我能遇到你，这是我经历过的最幸运的事情。”

6.

在阿维尼翁的整整一周，Alan 既当导游又当司机，带我逛遍了普罗旺斯地区所有充满异域特色的小镇。

我们去老城区的邮局寄明信片，寥寥几笔，算是对过去的一个了结。将明信片投入邮筒的时候，Alan 走过来问我，“你刚刚写的什么？”

我笑笑，“Never say never.（永不言败）”

愿时光老矣，故人不离散。

“故人不离散……”他反复咀嚼着这句话，“这意思是，友谊天长地久？那我们以后还会有联系吗？”

“当然，等你来中国，我带你去爬长城，看大熊猫！”

可是，还未等我们的承诺实现，施云飞竟然找到了我。

他轻叩房门，说了句打扰，然后在 Isaac 爷爷惊讶的目光中冲我招手，示意我过去。

他说，“糖糖，玩够了，该走了。”

我一直不知道施云飞是怎么找到我的，这一周他不急不慌，然而定位却又如此精确。

直到回了巴黎，他告诉我，他登录了我的个人支付系统，里面有消费和行动轨迹，所以这几天，我去了哪里，做了什么，他都一目了然。

“你怎么会有我的密码和账号？”我大惊失色。

“抱歉，我知道这样不太好，但贸然报警也并非好的选择。”他的脸上没什么表情，仿佛这是一件稀松平常的事情，“忘了告诉你，大学时我选修过计算机专业，这些事情对我来说并不算难。”

我的心彻底凉了。这种不尊重击败了他对我的漠视，在他面前，我就是个彻头彻尾的傻子。

我仿佛迷途少女，被冷酷无情的监护人带回了家。施云飞还是那么忙，陪我的时间少之又少，以至于我甚至怀疑自己，一时心软跟着他回来简直就是一个笑话！

回来这一周，Alan 一直没有给我打电话，我魂不守舍地看着来电显示里那些陌生的异国号码，一个一个试探地拨打出去，却都是无法接听状态。

我觉得奇怪，我走的那天，Alan 明明那么不舍，始终沉默地站在一旁远远看着我，直到我出门，他突然冲过来说，“你睡着的时候，我偷偷拿你手机给我自己打过电话。我知道你的号码，我会给你打电话的。”

我咬着下唇看他，半晌，终于还是喃喃道，“那……你记得给我打电话啊。”

我们都没有注意，就在 Alan 说我“睡着”这两个字的时候，施云飞放在身侧的手指，突然紧紧握成了拳。

我没有想到施云飞会将 Alan 的号码设置成黑名单。如果不是我没事时翻手机玩，我可能永远都不会知道 Alan 不给我打电话的原因。

我举着手机问他，“你什么意思？”

他的表情波澜不惊，“糖糖，我这是为你好。一个陌生人而已，你什么都不知道，就敢跟他继续接触？”

他不说这话还好，就是因为他这样自负，我突然就爆发了。

“施云飞，你是不是有点太自以为是了？对，我的确不够了解他，我也不知道他本性是好是坏，可即使不了解，即使他对我来说就是个陌生人，他也给了我在法国这些天最多的温暖和关心！而你呢，我们认识这么多年了，我千里迢迢过来找你，哪怕是个普通朋友，你也不应该对我不闻不问吧！我走的那几天，你说你知道我在哪里，做了哪些事情，可假如我的手机是被人偷了呢，坏人拿着我的手机到处晃悠，而我其实早就已经葬身大海了，施云飞，你想过这种可能吗！

“施云飞，你知道吗？就在我离开的第二天，我给你打电话，早晨七点，却是一个女人接听的。我根本不想问那么多，也不想知道你到底有几个女人，因为我没资格。我对你而言可能什么都不是，但我不想让你觉得我就是个傻子！

“施云飞，其实你根本就不在乎我。你只是怕我不爱你了，而你会失去一个崇拜者。可是你怎么能这么自私呢，拿着我对你的信任和依赖肆无忌惮地挥霍，你考虑过我的感受吗？”

7.

我从施云飞的公寓里跑了出去。

这一刻才明白，曾经的自己在骄傲自负的施云飞眼中早已卑微如尘埃。他根本不在乎我的死活，而他拉黑Alan的过激反应，不过是因为被激发出了男人的好胜心，他觉得自己突然间掌握不了我了。

我再次坐上了去往阿维尼翁的高速列车。可是这一次，我没有见到Alan。

Isaac爷爷留给我一封信，我这才知道，Alan联系不上我，他不放心，办理签证去中国找我了。

我的一颗心瞬间提到了嗓子眼儿。

他连手机都联系不到我，中国那么大，他能去哪里找？

正值旅游高峰期，从法国到中国的航班日日爆满。接连几天都没有买到机票，我心急如焚。第三天，我做好了信用卡透支的准备，再次回到巴黎，花高价买下最后一张商务舱机票，连夜飞回国内。

我不知道Alan现在在做什么，或许还在漫无目的地打听我的消息。

我只知道，他在等我。

他在某个地方寻找我，也一定在某个地方，等我去找他。

回国那天，施云飞提着行李去机场为我送行。我与他一路无言，直到快安检的时候，他突然开口问，“糖糖，你是不是喜欢上那个男孩子了？”

我回头看他，“喜不喜欢，跟你有关系吗？”

“姜糖糖，”他拉住我的一只胳膊，声音镇定，像是在读一段毫无感情色彩的旁白，“那天早上接你电话的女人，是我的同学，那是她的恶作剧，你不要误会。还有，我觉得，我应该是喜欢你的。”

“‘应该’是什么意思？我只知道喜欢你或者我爱你，还没听过这种带前缀的。”我干笑两声，“施云飞，你还真是喜欢说笑话。”

再不去看他阴晴不定的表情，我甩了甩头发，大步踏进安检口。

8.

我终于找到了 Alan，然而再见面时，却是在医院。

他初来中国便被盗了包，现金、信用卡，连同护照一起丢失。有人看他是老外，将他带上一辆通往山村的车，本意为了骗钱，在发现他身无分文后，将他抛弃路边。

那一夜，他流落街头，被几个路过的熊孩子遇到。

正值新春，一串鞭炮炸响在右侧耳畔，他惊慌失措地捂住耳朵，满手的鲜血顺着掌心流淌而下，他眨了眨眼，倒在地上失去了知觉。

是路过的好心人发现了这个棕发碧眼的外国人，报警叫来警察，将他送到了医院。

信用卡和护照在警方的调动下终于被找到。

只是 Alan 的右耳，由于错过了最好的治疗时期，至此失去了听觉。

医生说，他可能会恢复，也可能永远就这样下去。

这要取决于他的身体素质以及周边环境，而他们对此并不看好，只是建议，可以给他佩戴一副人造耳蜗，缓解他的听觉压力。

我从来都没有感受过这样浓重的绝望。

那种绝望，胜过施云飞多年来视我如空气，更胜过他嘴上说着喜欢，却在做着一切伤害我的事情。

因为 Alan 当初被警方送来抢救得匆忙，护照等身份信息并不齐全，所以大病历上并无家属签字。

为了让病患家属了解病情的严重性和医院的严肃性，出院前夕，医院请来公证律师，要求他的亲人在大病历上补签字。

律师看着病房里的一圈人，问，“谁来签字？”

我站起身，“我来。”

空气静得仿佛一根针掉在地上都能发出巨大的响动。

施云飞突然冲过来，试图夺过我刚刚接过的笔，“姜糖糖，你是不是疯了！你要干吗？”

我冷眼看着他。

我在法国的时候，他对我不闻不问，街头的流浪汉那么多，可他似乎根本不曾在意过我的死活。现在这副姿态，又是做给谁看？

“Alan 在中国举目无亲，他爷爷年岁太大，不适合长途跋涉。除了我，难不成你来签字？”

似乎听到了一个很好笑的笑话，施云飞咧开嘴，似笑非笑，

“你不会打算……”

我没有说话。可我知道，无需多言，他已经猜到了我的所思所想。

这么多年，即便不喜欢我，可他依然了解我。

“云飞哥哥，我知道自己在做什么，我不后悔。”

最后，在他诧异的目光中，我轻声说道。

“请问您和 Alan Isaac 先生是什么关系呢？”律师问我。

我笑了笑，眼神是前所未有的坚定。

“我是他的未婚妻。”

给了 Alan 一个安抚的眼神，我当着律师的面，一笔一画，签下了自己的名字。

律师和医生相继离开，施云飞甩门而去。Alan 坐在病床上，望着落在窗台上的一只小麻雀，不知在想些什么。

我坐在他床边剥橙子，突然，他转过头来看我，问，“刚刚你签了什么？很抱歉，他们说话速度太快，我不太明白你们说了什么。”

“你的大病历需要亲属签字，所以我签了我的名字。”知道他看不太懂中文唇语，我手脚并用比画着，如实相告。

“可是你……”

“没有什么‘可是’，”我上前，轻轻握住他的手，“Alan，如果你愿意，我可以一辈子做你的耳朵。”

曾经，我向施云飞“表白”过无数次，却从未有一次，让我的内心如此有力量，充满憧憬和向往。

我陪着 Alan 在中国度过了短暂又漫长的半年。

爬了长城，看了熊猫，前前后后走了七八个城市，我在他眼中看到了祖国的大好河山，还有满目爱意中，充满幸福笑容的我自己。

途中，我曾一再向他提起医生的建议，佩戴人造耳蜗，或许很麻烦，却是目前最安全有效的方法。

但是 Alan 拒绝了。

他告诉我，上帝是公平的，遇到我，他很知足。如果我们相遇的代价，就是失去右耳听觉，那么，他心甘情愿与上帝做出这样的交换。

我站在他面前，仰起脸，静静望着他。

“Alan，我很庆幸，从今往后，我是你的耳朵，所有的声音，我来帮你传递。”

我的语速很快，他大概看不懂我说中文的口型，摸一摸我的脑袋，傻傻地笑了起来。

许是那日在颐和园的阳光格外灿烂，灿烂得有些刺眼。我仰起脸，一滴泪，突然莫名其妙地掉了下来。

春暖花开，我带他回家见了父母。对于我这一趟法国之行，两个人颇有意见。原以为我能借此机会和施云飞双宿双飞，没想到转了一圈，竟然带回个洋女婿。

——还是个聋子。

我知道他们暂时接受不了这个事实，但我对未来充满信心。

有些人，相识十年，却抵不过心动一天。而爱情最真实美好的样子，是你愿为我奋不顾身赴汤蹈火，我愿抛下浮华陪你经历平淡流年。

“妈，实话实说，我已经很多年没有过这种感觉了。和他在一起，我很踏实，很安心，很温暖。”我拉着母亲的手，满是幸福地调侃，“如果这都不算爱情，那我这辈子，估计就只能做一个老姑娘了。”

“所以，我希望能得到你和爸爸的祝福。”

9.

二十二岁这一年，我经历了生命中很重要的两件事情。

第一件，是回学校完成了毕业论文答辩。

第二件，是以法国习俗，在自己的名字前冠上了夫姓。

我允诺父母，在阿维尼翁陪伴 Isaac 爷爷善终后，就和 Alan 一起回国。毕竟，这是他在这个世上唯一一个有血缘关系的亲人了。

做父母的，终归还是希望儿女幸福。有一天，妈妈从柜子里拿出一枚翠绿的玉镯，将我和 Alan 叫来，郑重交到了我们的手里。

“糖糖，这是我结婚时，你太姥姥给我的嫁妆。今天我把它交给你，希望你这一生，平安喜乐，和你的丈夫白头偕老。”

没有婚礼，没有婚纱照，拍完毕业照那天，我和 Alan 带着法国大使馆和街道办事处开具的一系列相关证明，在民政局领了两份红彤彤的小本本。

相识不过半年，便步入婚姻殿堂，大概还是觉得有些不可思议，一整天，Alan 都在不停地问，“Candy，我们结婚了吗？我们真的结婚了？”

我捏捏他的脸，笑得眼泪都流了下来。

“是的，Isaac 先生，以后，请叫我‘Isaac 太太’。”

再次回到阿维尼翁，往事种种，恍然如梦。

我和 Alan 手牵手，沿着五千米的古城墙环绕一圈，摸一摸那些石块上被雨水冲刷过的痕迹，仿佛可以看见百年来城内的沧桑巨变。

从教皇宫处远望贝内泽桥，桥身已毁，残垣断壁。

不同的是，曾经我以旅游者的身份在这里，Alan 为我抓拍下无数风景。如今我却以另一个身份再次回归，将我和 Alan 的身影双双定格在风里。

我想起凡·高的著名古典油画《罗纳河畔的星夜》，画中两个相互扶持的老人仰望星空。天空的星光与岸边的灯火交相辉映，仿佛可以预见永恒。

“Candy，你后悔吗？”他拉住我的手，轻轻亲吻。

我摇摇头，贴近他的右耳，眯起眼睛笑，“Never say never.”

人生如梦，除却生死，都是小事。

上帝是公平的。曾以为自己的故事悲情又可怜，可是一次偶然，他将我带到了 Alan 的世界，让我遇见了真正的爱情。

我从未这样感激——世间最美好的男子，他是我的丈夫，我最爱的人。

风起，Alan 为我披上了大衣。

我转过脸望向他，他依旧是那副柔和的模样，笑起来，是日光都比不过的温暖。

10.

我从来都没有想过，有一天，Alan 的听力可以恢复。

或许是他经历了太多苦楚，连老天爷都看不下去，再度给了他一个奇迹。

那时我们结婚已近半年，有一天，他在花园里锄草，我走到他身侧，随口说了一句，“我们种些薰衣草吧，我喜欢薰衣草的味道。”

他突然转头看我，咧开嘴笑，“真的吗，我也喜欢。”

我愣住了。

我声音不大，又贴近他的右侧，按说，他不可能有这样迅速的反应。

“Alan，你闭上眼，不要看我的口型，听我的声音，告诉我，我说了什么。”我颤抖着一只手，捂住他的左耳，声音坚定，“我爱你。”

“Isaac 太太，我也爱你。”

他睁开眼，那一刹那，我似乎看见了漫天繁星。

巴黎：若余生是你，晚点没关系

当宋时初抱着枕头高唱着国歌从卧室跌跌撞撞地冲出来时，沈泽川睡眼惺忪的脑袋从房间里闪电般地探了出来。

他揉着眼睛一脸疲惫，“宋时初，大半夜的不睡觉你发什么疯呢？”

她可怜兮兮地看着他，“泽川，我们交往吧，我……”

“神经病！”沈泽川看都不看她，“砰——”的一声，狠狠甩上了卧室门。

1.

人们都说，宁可跟着要饭的妈都不要跟着当官的爸。然而，时初的妈妈是个伟大的例外。

六年前，高女士带着还在上初二的时初嫁到这个有钱人家，美名其曰为了给她一个良好的成长环境，更主要的不过是为了满足自己的虚荣心。

高女士每天的生活就是挎着擦得锃亮的GUCCI疯狂地上街购物，哪怕遭到继子沈泽川的各种冷眼，也依然我行我素。而沈泽川对宋时初的态度，也在高女士这种肆无忌惮挥金如土的走势下，愈发地薄凉。

继父是一个成功又古板的生意人，每天早出晚归地奔波于各个地方。他很少跟时初说话，每个月次数最多的几句就是：

我往你帐户上打的零花钱省着点花啊。

这学期的学费我已经打在你的卡上了，花完了记下账。

你花钱别那么大手大脚，把该买的买了就行。

……

他们的沟通局限在一个名叫“钱”的字眼里，而且大多数的时候都是他在孜孜不倦地教育她，自己挣钱是多么不容易，生怕她这个外人把他的家产糟得精光。

时初不喜欢这个家，却也只能接受。没钱的人天天叫苦，而现在，他们可怜得就只剩下了钱。

终于有一天，妈妈满面春风地告诉时初，她同继父要移民意大利了，而沈泽川会留下来，待完成大学学业后再考虑出国读研。

时初悄悄地问妈妈，“这是继父的意思？”

“当然不是，是泽川自己的意思。而且我觉得他说的也有道理，我们都走了，你一个人在这里肯定不行。有他照顾你，我们也放心些。”

她感到无比万分的惊讶。

——沈泽川留下来竟然是为了她？太阳打西边出来了吧！

于是她欢天喜地地跑去找他，含情脉脉地一拳捶在他肩上，想要跟他好好交流一下感情，“泽川啊，我都听我妈说了！哎呀，我就知道你舍不得我，不然也不会为我留下，对不对？”

他正在看书，金色的斜阳将他的轮廓勾勒出一道美好的光晕。被她这么猛地一捶，身体不禁微微晃了晃，他抬眼，微不可觉地勾了勾嘴角，“你想多了。我留下是因为有很重要的课题要做，只是在你妈妈面前，那样说会显得我懂事一些。”

她心里“咯噔”一声，被噎得半天说不出话来。手指在空中颤了又颤，“行，行，你开心就好！”

憋了一天的气，她“不小心”打翻了两个碗，看谁都不顺眼。

沈泽川似乎也发现了她的不满，他想了想，问，“怎么，我留下来，你有意见？”

他好看的蝴蝶唇微微翘起，眼神似笑非笑，作为外貌协会会长，时初瞬间就没了脾气。

“没有没有，”她头摇得跟拨浪鼓似的，“我这么喜欢你，高兴还来不及呢，怎么会有意见呢！”

大概她的笑容太过虚伪，他略有深意地看了她一眼，转身回房。

时初脸上的表情在他关门的那一瞬间，彻底垮了下来。

2.

日子过得真快，一晃，都四年了。当初宋时初的妈妈嫁过来的时候，原本她是不同意的，但是没办法，当她见到了传说中只比她大一岁，却优秀又英俊的小哥哥，世界观被颠覆，人生从此别无所求。

其实不光是一见钟情吧。

两个孩子一起上下学，一起吃饭，一起打游戏……十四岁到十八岁，整整四年，辗转了整个青春。

从什么时候开始，他们的关系变成了如今这样呢？

大概，就是在她对他表白之后吧。

高考结束的第二天，她忽然对他说："沈泽川，我喜欢你。我希望未来的每一天，都能和你生活在一起。"

他先是一愣，沉默片刻，像是看傻子似的看着她，说："宋时初，你是不是言情小说看多了？"

她转过身离开，没有让他看到她微红的眼眶。

时初从不敢在他面前哭泣，她怕自己哭了，他会更加看不起她。

人人都知道宋时初喜欢沈泽川，不是花痴，是真的迷恋，甚至崇拜。只有他不肯相信。

他相貌好成绩好，好到她怀疑这世上怎会有这么完美的人，而且他竟然和她同住在一个屋檐下，她怎么可能不喜欢他呢？

可是，她并不知道"宋时初喜欢沈泽川"是不是太让他感到羞耻和反感，也可能她那位拜金的母亲带着她改嫁过来这件事情，就已经败光了他对她的所有好感。

想想也对，一个中年离异的女人带着一个拖油瓶来争家产，换了谁都给不了什么好脸色吧？

是以，每当她心潮澎湃地想要跟他拉拉关系、套套近乎之时，等待她的，总是一张难以言喻的扑克脸。

好在宋时初脸皮够厚，心胸够宽广，总能轻易化解他的种种为难。

毕竟，作为一个肤浅的外貌协会成员，只要见到沈泽川那张好看的脸，她所有的怨气便能烟消云散。

八月末，柏林交响乐团来华演出。时初迫不及待地在售票网站上订了两张票，献宝似的捧到沈泽川面前。本以为一向喜爱西洋乐器的他会高兴，没曾想，他连看都懒得看一眼，便直接回绝。

“不去，你约别人吧。”

“可是我不想跟别人看，我只想跟你看啊！而且，你不是最喜欢交响乐的吗？”她眼睛眨巴眨巴，不明白，这么少女感满满的自己，怎么就是入不了他的眼。

“我那天有事，去不了。”

他淡淡丢下一句话，打消了她所有的幻想。

后来她才知道，那天是他代表的校篮球队和邻校的友谊赛。起步扣篮的姿势被摄影师抓拍得帅到炸裂，她看着海报墙上那个英挺又迷人的身影，握了握手中早已揉皱的票，“啪——”，一个三分球，扔进了垃圾桶。

她的爱在他眼里如此廉价，廉价到她卑微奢求，都让他觉得没有任何意义。

3.

母亲和继父去意大利的第二个年头，时初的日子更加悠闲，百无聊赖之中，在朋友的介绍下，她在一家高级定制服装店谋了份兼职模特的差事。

起初她并没有告诉沈泽川，却在早出晚归了两个周末后，还是被他发现了这个“小秘密”。

“你很缺钱吗？”他斜着眼看她。

无非就是穿一些定制服装站在橱窗里让别人观看而已，可沈泽川看她的目光，活似她被人扒光扔在了大街上一样。

“没有，觉得好玩而已。”她耸了耸肩，“你又不理我，家里冷冷清清的没意思，站在橱窗里，很多人看我，比较热闹。”

这是她第一次用无所谓的语气跟他说话，原以为他会像以往一样，丢一记白眼过来，没想到，他竟然定定注视了她几秒，忽然开口，“带我去看看，你妈最近又在问你情况，我得随时监督你。”

不容置疑的语气和理由，让她连反驳的机会都不曾有。

恰好赶上兼职的日子，时初带沈泽川去了高定服装店。刚推开门，便见经理一副火急火燎的模样，拉住她连连道，“哎呀时初，你可算来了。今天设计师送来一套婚纱，原本想让你跟另一个男模特搭档，可他刚给我打电话，说有事来不了，你看你那边还有没有认识的男孩子，能……”

后面的话，在看见她身侧的沈泽川后戛然而止。

时初做好了被沈泽川严词拒绝的准备，所以，当他欣然同意的时候，她惊讶之余，又有那么一丝窃喜。

在她的强烈要求下，经理用手机为两人拍了一张合影。她永远忘不了那天，穿白纱的女孩和穿西装的男孩相互依偎，镜头里的笑容比花儿灿烂。

她手指蜷缩在身后，想偷偷拉住他，却在向他靠近的下一秒，忽然心生胆怯。

“沈泽川，你知道么，”她试探着轻声说，“我这辈子最大的梦想，就是披着婚纱，嫁给爱情。”

“是吗？”他难得地淡淡笑着，言语间却有拒绝之意，“但愿你的未来，能够遇到想要的爱情。”

圣诞节恰逢周末，沈泽川忽然说要带时初去游乐园。

她一脸茫然，下意识地要去摸他额头，看看这位总对她冷眼相加的小哥哥是不是烧糊涂了。

手还没伸过去，已经被他轻巧躲开。

她尴尬地笑了下，仓促又扭捏道，“泽川你对我真好，我就知道，我在你心里还是很重要的！”

他丢给我一个不耐烦的眼神，“要去赶紧的，换衣服！”

她连忙点头，起身收拾东西。

那天的阳光特别好，温暖明亮的光芒细碎地洒在他身上，显得格外宁静。

地心历险是整个行程里最刺激的项目，过山车从黑压压的地心山洞里穿过，快到火山口时，忽然冲出一条龙来，车体开始加速俯冲，时初“啊”地尖叫一声，下意识地抱住了身旁男孩的胳膊。

她以为他会挣扎，会像平日里那样，嫌恶地将她甩开。

然而没有。

他竟然伸出右手，牢牢握住了她抱在他胳膊上的手。

不知道最后是怎样从过山车上下来，时初只觉得自己整个人死死贴在沈泽川身上，一路都在鬼哭狼嚎。

她猫着腰蹲在一旁哇哇地吐，他过来拍拍她的背，面露慌乱，“喂，你没事吧……还有哪里难受？”

她摇摇头，眼泪忽然流了下来。

大概没想到她会哭，沈泽川眼底头一次闪现出惊慌。

“宋时初，你别吓我啊！你说话，到底怎么了？”

她擦擦嘴，起身，一把抱住身旁的他，将头埋在他怀里。

“沈泽川，谢谢你。”

有风吹过，将呢喃吹进了云里。没有人看见她心里的伤口一寸寸撕裂，爱与不爱都是伤害，她的悲伤无处遁形。

4.

那天之后，两个人的关系似乎有了小小的变化。

沈泽川不再总对时初冷脸或者不耐烦，有时也会温声细语对她讲话，甚至有一天，他还出去买了一大兜子水果，回来特意给她做了一大碗水果捞。

时初的心情已经没办法用“受宠若惊”这几个字来形容了。

她挠着头想了很久，都想不通他为什么会突然对她这么温柔。

直到她看见陵霜，才终于明白，沈泽川不是天生的扑克脸，而是这么多年，她竟然一直用错了策略。

都说以柔克刚，没有哪个男人能抵挡女人的似水柔情，所以当沈泽川看见了她的眼泪，忽然就动了“恻隐之心”。

那也仅仅，是恻隐之心而已。

大概男人都喜欢女孩子楚楚可人的模样，就像外语系的陵霜，白莲花一般娇娇弱弱地往那里一站，自有大把怀揣骑士精神的男孩子前赴后继奔涌呵护。

但是他不知道啊，这位系花白天还和他一起去图书馆自习，晚上便约了另一个男人吃饭。

她义正言辞地跟他讲事实摆道理，然而他根本不相信，在他眼里，她这就是无理取闹的发疯。

时初琢磨着怎么能用她的眼泪再拉近一下和他之间的关系，于是计划着约他去看她一直心心念念的电影《金刚狼》。

被他回绝其实也算意料之中，可没想到，她一个人买票进了电影院，却遇到了这对冤家。

陵霜小鸟依人地挽着沈泽川的胳膊，指着不远处的一台抓娃娃机，一双眼含情脉脉，“泽川泽川，我好喜欢那个娃娃，你可以帮我抓一个吗？”

他点点头，淡笑，“好，我先去买可乐爆米花，一会儿过来给你抓。”

时初从没见过沈泽川这么温柔的样子，她心里明明嫉妒得发狂，可又发作不得。于是趁他不在，她上前将陵霜拉到一边，“就他那两把刷子，不行的，还是我来给你抓吧！”

沈泽川回来的时候，就看见他的白莲花站在一旁瑟瑟发抖，而宋时初却像个强抢民女的恶霸，握着操纵杆上蹿下跳。

男人和女人的思想永远不在一个频道上，她理所当然受到了他的质问。

面对他淡漠的目光，时初几乎要冷笑出声了，“我欺负她？你眼睛是瞎了吗？我明明是在帮她抓娃娃好吗！”

就在这时，陵霜不动声色地摇了摇沈泽川的胳膊，眼神无辜得像只小白兔。

他的眼神蓦地黯淡下去，拉着她就要离开。

时初上前一步拦住他，冲着陵霜的方向努努嘴，口无遮拦道，“你就喜欢这种绿茶婊啊？”

他狠狠瞪了她一眼，转身就走。

脸上的表情在他转身的刹那瞬间消失得无影无踪，她点点头，冲着他的背影僵硬地笑，“OK，你高兴就好。”

时初做了所有青春期叛逆女生都会做的事情。

电影结束后，她买了一包烟，顺着街区一直走，直到走到了一家名叫“伊甸园”的酒吧门口。

伊甸园，传说中的天堂，也是亚当和夏娃犯错的地方。时初在酒吧的角落找到了一个位置，掏出烟，然后一根接一根将它们点燃。

她不会抽烟，可是她喜欢看它们燃烧成烟雾的样子，美得不似真实。

突然，乐队开始奏乐。抬起头，便看见坐在主唱位置的邪魅男孩握着话筒一动不动地盯着她，隔着人群，他的目光似有一种张力，将她牢牢吸引过去。

他说，“下面这首歌送给坐在角落里那位穿红衣服的女孩。

我喜欢她那双倔强的眼睛，那是我见过的最美丽的风景。”

5.

时初就这样认识了顾恒，痞气又迷人的乐队主唱。

没事的时候她就跑来酒吧找他，端一杯鸡尾酒，假模假式给他捧个场。

顾恒似乎很喜欢她身上的朝气蓬勃，他说，和她在一起，能够感受到生的喜悦。

他教时初识五线谱，弹吉他，唱歌。他为她打开了一扇新世界的大门，而她也仿佛终于在感情世界里找到了寄托，激情，温暖，疯狂……从沈泽川身上得不到的那些东西，顾恒通通给了她。

他总是喜欢眯着眼睛看她，似笑非笑，目光深远而悠长。

她问他，“顾恒，你以前有没有爱过什么人？”

他眯起眼，答非所问，“你觉得爱是什么呢？”

起初她并不知该如何回答，渐渐地，她大概明白了顾恒的问题所向，于是她对他说，“爱是等待，是追逐，是飞蛾扑火的自我牺牲。”

他若有所悟地点点头，目光更加迷离。

顾恒带时初去射击场。明亮的封闭式射击室，她带上耳罩，将八一式步枪死死顶在自己的肩窝上。

一只眼瞄准五十米开外的白色靶子，用力扣动扳机，“嘭”

的一声，震得她的肩膀一阵麻木。

十环射击完毕，她拿着自己的成绩推开玻璃门。

顾恒就站在空旷的走廊里，阳光透过巨大的玻璃窗照射下来，在他身上投下一片片斑驳的光圈。

恍惚间，她似乎又看到那个很久之前，初见时如惊鸿一瞥的小小少年。

平复好情绪，她拿着被子弹穿透的环形纸，慢慢向他靠近。终于走到他面前，幻觉消失，时初眨了眨眼，冲着顾恒笑，“四发十环，五发九环，一发八环，没有脱靶！”

他摸摸她的头，眉目淡得像是被晕染开的水墨画。

良久，他终于开口，“时初，做我女朋友吧。”

她愣了足足三秒，突然转过身，落荒而逃。

一个人坐公交回到市区，路上，时初给沈泽川打了一个电话。

等待音响了足足七声，就在她绝望到准备挂断的时候，忽然听到他淡漠到不带有感情色彩的声音。

“什么事？”

他跟她说话向来这样简单粗暴，可她却头一次觉得，这个声音好听到无可救药。

她想，她对沈泽川的爱，真的已经成了一种偏执的病态。即便她用尽力气向外寻找归宿，试图爱上别人，可她悲哀地发现，她根本就做不到。

除了沈泽川，她根本没有办法爱上其他人，任何人。

她的眼泪落在手背上，滚烫又炽热，吸了吸鼻子，她笑，“没事，就想听听你的声音。”

他似乎突然反应过来，“你是不是哭了？遇到什么事了吗？”

沈泽川的语气里透着浓浓的焦急和慌乱，她听见他在电话那头大喊，“宋时初，你在哪儿？告诉我地方，我过去接你！”

她猛地挂断手机，慢慢捂住脸，任由泪水顺着指缝流淌出来。

沈泽川，可能连你自己都不知道，你在乎我，紧张我。

可这世界就是一个巨大的谎言。你对我的感情隐匿在你自己都不愿承认的宇宙里，你不表露，我便假装看不出。

如果承认“在意继母的女儿”会让你觉得羞耻，那么，沈泽川，我成全你的骄傲。

6.

时初终于下定决心，从沈泽川的眼前消失。

单身并不可怕，可怕的是被自己的心头爱虐待，还要忍受铺天盖地的狗粮在脸上冷冷地拍。

她见不得沈泽川和陵霜你侬我侬，于是索性再次回归“伊甸园”，正式答应顾恒的请求，成了他的女朋友。

她想，她大概是有点报复心态的。既然无法预料沈泽川的态度，那么借此刺激一下他也是好的。

只是沈泽川的反应完全出乎我的意料。

他色厉内荏地指着她，“宋时初，你是不是傻！酒吧里那个男孩是什么人，你了解他吗，知道他以前是干什么的吗？”

她倔强地仰起脸，“我不在乎，他喜欢我就够了！”

“你以为他喜欢你什么？宋时初你个蠢货，我告诉你，他就是看咱们家有钱，想泡你！”

沈泽川毫不掩饰的挖苦让她濒临崩溃，似乎在他眼里，她完全不值得被任何人喜欢。

她终于忍不住歇斯底里喊了起来，“你有什么资格对我指手画脚？管好你的陵霜就够了，我的事儿你少插手！”

那是有史以来他们经历过的最严重的一次争吵。

她毫不犹豫地转身决绝而去，没有看见身后，男孩眼底的光，瞬间熄灭。

时初拉黑了沈泽川的联系方式，收拾东西“离家出走”。

整个暑假，顾恒带着她几乎玩遍了大半个中国。

他们一起欣赏过雪山日出，对着海上夕阳许过愿，感受过草原暴雨，在满眼的黄沙戈壁里放声歌唱。

那是她最自由的一个月，无拘无束，享受着青春的肆意和放纵。可心里却依然荒草一片，淅沥沥的雨落下，再也没人能看到她的孤独。

接到陵霜的电话纯属意外，她说，沈泽川突发疾病住院，需要家属回去办理手续。

她的大脑有段一时间的空白，茫然地看着顾恒，像个无助的孩子。

顾恒摸摸她的脑袋，眼神格外坚定，“别怕，我给你买最近的一班机票，今晚就能回去。”

时初哆哆嗦嗦地将银行卡递给他，六神无主地靠在他肩上看他操作航空公司的APP，一滴泪，忽然毫无征兆地落了下来。

很庆幸，抵达医院时，医生告诉她，沈泽川患有严重的低血糖，幸好送来及时，休养几天就可以出院。

见她松了口气，顾恒笑笑，说，“我去给你买点吃的，这么久了，你也饿了吧。”

她曾以为，老天爷是眷顾她的。她深爱的人平安无忧，陪伴她的人细水长流。

然而，她静静等待了将近两个小时，依然没有收到顾恒的任何讯息。打电话过去，对方已经关机。

时初终于意识到，顾恒失踪了。

连同他一起消失的，还有她在订机票时给他的那张大额储蓄卡，里面是继父留给她的所有生活费。

7.

深夜的医院格外寂静，时初坐在走廊外冰冷的长椅上，双手交错摩挲，却依然暖不热自己的手指。

听见踉跄的脚步声靠近，她回头，看见沈泽川披着大衣，斜斜倚在门框边望着她。

她的眼眶有一刹那的湿润。距离太远，灯光太刺眼，她看不清他的表情，只能看见巨大的阴影下，他瘦削而又模糊的轮廓。

他没有责怪她，只是一遍又一遍念着她的名字，“时初，时初……”

男孩的声音有些颤抖，话不成音，语不成句。

她苍白地笑了笑，向着他缓缓走过去，每一步，都像是踩在刀尖上。

她想跟他说很多，她的担心，她的焦虑，她的紧张，她的失控……人啊，真的只有在最危难的时候，才能看到自己的本心。

“沈泽川，以前有个人问我，爱是什么。我回答他，爱是等待，是追逐，是飞蛾扑火的自我牺牲。可是现在，我觉得我错了。我理解得太过于自私和狭隘，真正的爱，是理解到他人处境，换位思考的成全。”

她抬起头，怀着有史以来最虔诚的心情看着沈泽川轮廓逐渐清晰的侧脸，涩涩地笑了一下。

“以前是我太过于偏执，幸好现在，明白得不算太晚。我知道，或许这辈子，你都不会和我在一起。我的等待没有任何意义，所以，我放手了，你也走吧。”

男孩欲言又止地看着女孩，眼底似乎暗藏着难以言喻的压抑和痛楚。她的眼泪落在他的手背上，他似乎被烫了一下，却在下一秒，忽然再度伸过来，紧紧握住她的手。

她向后退了一步，不动声色地将手抽离。

泽川，我们都在用支离破碎的痛楚舔舐别人的伤口，却忘了，其实自己也一样难过。

八月底，沈泽川通过层层筛选，即将代表学校前往巴黎进行为期一年的交流学习。

他和陵霜的“爱情”因为种种原因无疾而终。时间和距离，终归是各自逃不掉的宿命。

夜晚，沈泽川坐在卧室里收拾东西，时初敲敲门，走进去。

“法国离意大利不远，有时间，就过去看看爸妈，替我……替我向他们问好。”她想自私地再说一句挽留的话，告诉他，她舍不得他走，可是她不敢。

她已经被透支掉了太多的力气，如今，就连“再见”这两个字，对她来说都格外沉重。

男孩猛然回头，眼底的光明明灭灭。他张了张嘴，似乎想说点什么，可是她等了半天，等到黄花菜都凉了，他终于开口，却只是说，“时初……你要好好照顾自己。”

他缓缓起身，走向客厅里的那架钢琴。

那应该是他从小就学习的乐器吧，只是她跟着妈妈来这个家这么多年，始终蒙着布，不曾展示过真容。

她静静靠墙站在一旁，看着沈泽川漂亮的手指落在中央 C 上，一个一个碰触过去，突然腕间用力，琴音响起。

理查德·克莱德曼的《梦中的婚礼》，曲调悲凉又婉转，那个让人叹息的悲伤故事，将它幻化成全世界最美的乐章。

一曲终了，他缓缓将双手从琴键上移下，转过头来看她，“很久不弹，有些生疏了。”

“没有，弹得很好。”时初笑笑，嘴边划过一道苍凉，“沈泽川，谢谢你，送我最后的离别礼。”

8.

忘了有多久没有联系到沈泽川了。是 365 天，还是 366 天？九月的某个周末，时初在家里收到了来自大洋彼岸的包裹。

普罗旺斯的薰衣草，大捧的干花用牛皮纸包裹着，扎满了整个纸箱。

微信里有沈泽川发来的照片，他站在塞南克修道院的院墙外，身后，是大片浅紫色的波光。

她的心脏剧烈地跳动起来，看着照片中男孩眉目如画的脸，泪水在眼眶里打转，却始终未曾落下来。

她给沈泽川发信息：我很想你。每天都在想。

发出的信息如石沉大海，那头悄无声息。

周一，时初买了机票，跟系主任请了假，然后坐上了飞往巴黎的航班。

那大概是她此生最幸福的一周。戴着墨镜的沈泽川冷酷如以往，他带着她逛遍巴黎，参观完卢浮宫，又坐渡轮游览了塞纳河。

横跨在塞纳河上的是巴黎的艺术桥，也是著名的“情人桥”。传说，只要相爱的人把所谓的“同心锁”挂在桥上，便能得到永远的祝福。

她买了两把锁，将其中一把挂在了栏杆上，回头看沈泽川，“你要不要……也来挂一个？”

她问得十分犹豫，毕竟，这么浪漫的时刻再次被拒绝，也是一件顶丢脸的事情。

可是沈泽川竟然同意了。

男孩缓缓走过来，像是踩着一大片光芒。

他伸出手，接过她手中的锁，挂在她那把锁的旁边。

“你别多想啊，我挂这个锁，其实就是为了许愿。”他垂眸笑着，轻声开口，“希望我们全家平平安安，尤其是你，时初。”

夜晚的河畔星星点点，灯火通明的酒馆餐吧数不胜数，时初和沈泽川一人一杯咖啡，听流浪歌手唱着不知名的歌谣。

风拂过，吹乱了她的发，她抬手想要整理一下，不想，却碰到了沈泽川伸过来的手臂。

“时初……”他的手臂顿住，目光沉沉看着她，欲言又止。

最终，他什么也没说，她什么也没问。千言万语，像是被卷入云里，再不留痕迹。

回国前两天，继父和母亲专程从意大利赶来送她，久违的家人在异国重逢。

坐在米其林餐厅里吃法式大餐，红酒在杯中轻轻摇晃，举杯瞬间，忽然感受到许久不见的温情。

母亲感叹，“时初啊，要不等你大学毕业也过来吧，我们一家人在这里团聚，多好。”

她笑笑，转头看向沈泽川，他沉默着，目光意味不明。

戴高乐机场的候机大厅宽敞明亮，她静静仰望面前男孩的轮廓，当初的小小少年已然长成玉立之姿，平日里不苟言笑，可是笑起来，春风十里都是暖腻。

她冲他挥挥手，轻声说，“哥哥，再见。”

他没有说话，可是她却能够感受到他此刻内心的汹涌激烈，不发一言，却胜似千言万语。

9.

岁月的年轮转了一圈又一圈。

时初独自在国内，安静地读书，安静地生活。

她定期从普罗旺斯订购干花，满屋子的紫色绽放成一片，家里被布置成了薰衣草的世界。似乎只有闻到这种味道，夜夜才能安心入睡。

网上说，薰衣草的花语是无望的爱。

可这份无望，本不就是他赐予她深情却又薄凉的礼物么？

是在巴黎和母亲团聚的当晚，时初才听说了沈泽川在国外的种种经历。

在一次观看过动物保护组织播放的野生动物救助纪录片后，沈泽川的内心受到了强烈震撼。他毫不犹豫地申请了休学，瞒着家人，参加了 WWF（世界自然基金会），远赴非洲草原和大西洋彼岸，去救助那些无助凄惘的生灵。

可是这条路崎岖又艰难，他深知前路危险，便只能孤身前往，舍下对她的牵挂。

这一走就是一年。再回来，早已物是人非。

逆光之暗，她看不到他左眼内侧一道近 2 厘米的疤。那是在肯尼亚救援非洲狮时，被偷猎者留下的伤痕。

九死一生啊，他活着回来了，只是从此以后，那只眼的视力变得极其微弱，他不知道会不会在某一天突然失明，但他知道，他的爱情，终将在这广袤的大地上枯竭。

茶色的墨镜后，沈泽川静静看着时初肆意飞扬的笑容，仿佛经历了一世沧桑。

10.

收到沈泽川婚礼消息的那天又逢圣诞节，时初坐在旋转木马上望着天空发呆，心下忽然潮湿成一片。

他对自己的另一半保密很好，从不发照片，也绝口不提。

时初旁敲侧击地问母亲，“沈泽川到底找了一个什么样的姑娘？”

“我也不太清楚，不过泽川眼光一直不错，应该是个好姑娘。”见时初还要追问，高女士含混其词，“嗨，现在不比旧社会的那些老传统，西方国家本来就开放，我们做父母的也不方便多问，孩子喜欢就好。”

挂掉电话，她突然想起从巴黎回国那日，沈泽川去戴高乐机场为她送行。他以兄长之态轻轻拥住她，却在她即将推开他的前，在她背后用力写了几个字。

Je’t aime.

颤抖而又坚定的手指，一笔一画的字母，像一个巨大的，难以启齿的秘密。

是法语，我爱你。

时初的泪落了下来。

既爱我，为何又要娶别人？沈泽川，这就是，你所谓的爱？

离婚礼还有不到一周，沈泽川发信息，他说：时初，你是我生命中最重要的人，我希望你能来，见证我的幸福。

她关掉手机，再没有回复。

然而她还是去了，去参加最爱的人的婚礼。

只是时初没想到，下了飞机，她直接被接去酒店，刚一进门，一件洁白的头纱，盖在了自己的头上。

她傻了一般，愣愣站在原地。

穿着白色西装的沈泽川，像是从天而降的阿波罗，一步一步，走进了她的视线。

“我原本打算，随便找一个人，将就着过一辈子。可是我发现，我做不到。一辈子那么长，我骗不了别人，更骗不了自己。”他走过来，捧起她的脸，隔着白纱，一个吻轻轻落在她的额间，“宋时初，我承认，我从很早的时候就开始喜欢你了。年少时心高气傲，越是喜欢，就越是远离；后来我加入动物保护组织，无数次地与死神擦肩而过，最绝望的时候，我想起你的脸，然后告诉自己，我得活着。活着才能见到你。”

她难以置信地后退一步，猛地推开他，掀起头纱。

“沈泽川，今天不是愚人节，这不是开玩笑，也不是梦吧？”

她嘴唇在抖，眼眶含泪。直到现在，她都不敢相信自己的眼睛。

爱了那么多年的人，守了那么多年的情，原以为收到结婚请帖便注定此生再无缘，没想到，他要结婚的对象，竟是自己。

“时初，很抱歉，过去的我太自私，从来没有考虑过你的感受，以为远离你，不拖累你，就是为你好。但是当爸妈得知这件事情以后，他们反复劝我，人生苦短，更应珍惜眼前一切。我们彼此相爱，没有理由不在一起。”他轻笑着，再度上前两步，向她靠近，“虽然我现在依然是个自私的人，依然没有征求过你的同意就把你‘骗’了过来。很抱歉，这句话我犹豫了很久，但我还是决定遵从内心，郑重地问你一句：宋时初，你愿意嫁给我吗？”

耳边的声音嘈杂成一团，心里有无数团火光，时初的在心中绽放。

“为什么不愿意呢？”想说的话如鲠在喉，她抬起一只手，摘掉他脸上的墨镜，轻轻抚摸他眼角的伤疤。他微红的眼眶定格在她视线里，半晌，她吸了吸鼻子，笑，“只要余生是你，多晚都没关系。”

PART FOUR 冬雪·思念

琉森：苔花谢

我年少时求不得的爱恨，终在这一刻化作灰烬，与你永久埋藏在波光粼粼的罗易斯河底。

1.

谢靖在“星尘”静吧找到我的时候，我已经单枪匹马喝光了五瓶百威，以及三杯玛格丽特。

他一看我这阵势就急了，劈手夺过我还剩半口的长岛冰茶，俯下脸来看我，“易夏，你这样有意思么？三天两头进酒吧，非得把自己喝死才甘心是吗？”

我仰起脸来看着他冷笑，“我死了你应该高兴才对啊！这样就没人跟你争财产了，你跟你妈做梦都能笑出声来，我说得没错吧？”

他的脸上有一时的错愕，但很快，表情又恢复了平日的波澜不惊。他的语气缓和下来，“易夏，我知道你心里难过，你是想用酒精麻痹自己。可是 Luca 已经死了，人死不能复生，你怎么就不明白呢？”

剩下的话没说完，他已被我手中的鸡尾酒泼了一脸，蓝色的液体顺着他的脸庞流下来，滴落在他干净整洁的白衬衣上。

“Luca？你还有脸提他！”

酒精开始在体内出现反应，我晕晕乎乎地看着他的脸在昏暗灯光下渐渐模糊，想自嘲地笑笑，可是眼泪却拼了命地往下流。我猛地起身一把拽住他的衣领，几乎是恶狠狠地看着他，一字一顿道，“谢靖，你根本就不知道，这辈子我有多恨你！”

“我恨不得你死！”

2.

在我爸说要让谢靖进公司实习锻炼之后，我发疯似地砸坏了家里的两个清朝大花瓶，然后买了一张说走就走的机票，以此表达自己强烈的不满和抗议。

戴着眼罩在头等舱的休息舱内小憩时，我甚至还能想起我妈临死前绝望的眼神。

那年瘦弱枯槁的她就像个祥林嫂，一遍又一遍地念叨着命运对她的不公，以及对我爸的恨意。甚至有时候，她的怒火会波及到我身上。

她总是忿忿地说，“易夏，你要是个儿子就好了！”

我改变不了她的恨，也扭转不了她的观念。她不明白，我是不是儿子都不重要，那个女人就算声名狼藉，甚至带个拖油瓶又怎样，她背后的雄厚资产完全可以让我爸轻松度过融资难关。有钱能使鬼推磨，更何况这一举多得呢。

从那以后的很多年，我眼里都带着怨恨。妈妈的眼神，连同冰冷病床上毫无生气的白布，成了我心门上的一道暗锁。

隔离了爱恨，也隔离了所有人试探性的好意。

抵达苏黎世机场的时候已是黄昏，闻一闻与帝都完全不一样的清新空气，只觉得身心都格外轻盈舒畅。

我也不知道自己为什么要来苏黎世，事实上我对这个城市完全不了解。可能是被热播电视剧《翻译官》洗脑的缘故，突然就很想来看一看剧中美如油画的取景点，顺便回顾一下黄轩无时无刻不展现傲娇风采的画面。

哦，忘了说，那个让我恨得咬牙切齿的继兄，也就是谢靖，有着一双和黄轩一模一样的丹凤眼。平日里波澜不惊，笑起来，仿佛世间最迷人的毒药。

喝了药，便沉溺其中，久久不忘。

3.

本打算在候机楼的自助咖啡机上买一杯纯咖啡，却因不认识德语，不会操作，只得对着机器胡乱按一通。三分钟后，站在一旁等待了半天的亚裔男孩实在是看不下去了，主动上前提供国际人道主义援助，帮我买了一杯咖啡。

或许是他似曾相识的亚裔面孔让我格外有安全感，我试探性地跟他用英文打了个招呼，很幸运，他英文口语不错，沟通无碍。

男孩有个好听的名字，Luca，在天主教中的意思是画家的庇佑者。得知我是第一次来瑞士，于是非常热情地向我介绍这里的风土人情以及注意事项。短短的十几分钟相谈甚欢，分别的时候，他突然说，“易，你笑起来的样子特别像我很久以前认识的一个朋友。我很喜欢和你聊天，听你说话，你愿意去我居住的城市看看吗？”

那是我第一次听说“琉森”，一个离苏黎世 100 多公里的繁华小城。

我还在犹豫，他突然冲我笑了一下，那样暖腻的笑容，如同阳光照耀，让我原本不安的心在一瞬间安定了下来。

红色的小火车平稳而又快速地在山路中行驶，望着眼前黑发黑眼的男孩，我好奇地问他，“你是亚洲移民？中国人，日本人，还是韩国人？”

他愣了一下，随即道，“我是被领养的……我的故乡在中国。”

我终于知道了 Luca 为何会对我如此热情和亲昵。不论身在何处，每个人对于家乡和故土，都有着天性般自然的情怀。

抵达琉森火车站的时候，包里的手机突兀地响起。手机那头是熟悉而又清晰的声音，回响在异国他乡的街头，让我一时有些恍惚。

谢靖问，“易夏，你在哪里？”

我冷笑，“跟你有什么关系？”

然后迅速地挂掉了电话，关机。我赌气地想，反正也没人会在意我的死活，既然已经出来了，那就让我再疯狂一些，彻底做个坏女孩吧。

思及至此，我转头故作娇羞地问 Luca，“我身上没有太多现金，你家有没有空房，方不方便暂时收留我一晚呢？”

Luca 的家就在琉森老城区。刷着黄漆的墙壁上密密麻麻生长着爬山虎和柔软细翠的青苔，一眼望去，像是仙女穿上了华美的碧绿嫁纱。

养父母 Keller 夫妇都是和蔼的当地人，金发碧眼，笑起来眼角会有细细的鱼尾纹。

他们很快收拾出了阁楼的小屋，并且晚饭时还热情地为我做了一份当地的特色餐：烤肉和土豆饼。

坐在长条桌上享受着简单而又美味的晚餐，和他们一家三口举杯祝福的时候，我听见心里愉悦的声音。整个青春都不曾感受过的温暖，在这明亮温馨的灯光下实现。

我望向 Luca，而他此刻也正好望着我。他的眼底似有熠熠星光，我看见自己在他眼中的投影，笑得格外真实灿烂。

4.

几杯红酒下肚，不胜酒力的我晕乎乎地四仰八叉躺在床上，眼前，突然浮现出谢靖波澜不惊的一张脸。

记得母亲三周年忌日，我在楼道里抽烟，被谢靖撞了个正着，他冷冷上前夺过我的烟，然后抬手，狠狠甩给我一记耳光。

那是他第一次打我，在那样一个日子，足以加深我所有的恨意，却又让我着实无可奈何。

可是，当谢靖将我紧紧拥入怀中的时候，我仿佛迷失已久的孩子找到了最后的归宿。

我恨他夺走了我的一切，却更恨自己，贪恋这个短暂而又假意深情的拥抱。

不知何时睡着的，第二天醒来，就看见阳光透过阁楼的天窗照射进来。

洗漱完毕下楼，Luca 穿着一件简洁的蓝格子衬衫站在料理间煎牛排，他冲我招手，“易，过来吃早餐。”

就在那一瞬间，我内心忽然激荡起大片柔软的涟漪。这个场景就像丈夫在给刚睡醒的妻子做早餐，感觉格外微妙。

饭后漫步旧城区，脚下是微微潮湿的青石板路，头顶是水洗般湛蓝的天空。

一路走到卡佩尔廊桥，这座古老的木桥静静屹立在罗易斯河之上，水面天鹅嬉戏，廊桥外天竺葵盛开，处处透着一股浪漫的中古情怀。

打扮入时的街头艺人在演奏 *Tarantella—ludovico Einaudi*，围观的人在拍手鼓掌，只是那一晃的瞬间，我仿佛在人群中看见了谢靖的脸。

Luca 见我有一时的呆怔，忙问我怎么了。我摇摇头，说，“我以为遇见熟人了，估计是我眼花看错了。”

“哦，是吗？”

他歪头看我，眼神略有深意。

琉森的天空就像是孩子的脸，说变就变。

雨势来得凶猛急骤，Luca 拉着我进了教堂，正赶上一对新人结婚，穿着洁白礼服的新郎和洁白婚纱的新娘正在交换婚戒，牧师站在中间宣读祝词，这画面如同被定格的电影胶片，神圣而又庄严。

Luca 靠近我耳畔轻声说，“这座教堂已经有一千二百多年的历史了，是琉森人民信仰的中心。新人结婚来这里，一是要得到上帝的庇佑和祝福，二来，在神面前许下的誓言，一生一世，都要坚定地去履行。”

我望着哥特式建筑风格的屋顶和天窗，头一次震撼于信仰带给人们内心的宁静与力量。

还在思考，我已被他带到了放置在教堂东南角的一架三角钢琴前。他望着我，笑容如春风暖腻，当他落座，指尖轻轻触碰在黑白琴键上的一刹那，音符抖落翻转，旋律行云流水般贯穿于指尖。

大概是 Luca 的演奏水平太过动人，连那对刚刚被祝福完的新人都驻足聆听，表情里是掩饰不住的幸福和感动。

窗外雨渐渐停歇。新人笑着祝福离开，临走时，望向我，然后用德语对 Luca 说了一句话：“Viel Glück！”

我问 Luca，“他们说什么？”

Luca 笑，“他们说，祝我们幸福。”

5.

夜凉风起，琉森的月色却是美得醉人。

晚餐过后，Luca 邀我去花园品尝自制甜点。香浓的巧克力酱入口即化，我一口气吃了小半盘，味蕾带来的幸福感让我的内心也变得充实。

Luca 说，“你似乎很容易满足。”

我仰头望向星空，“只有长期生活在黑暗里的人们，才会格外珍惜光明的温暖。”

大概酒精上头，我一时有些失控。我像个絮絮叨叨的老太婆，对着一个并不算熟悉的华裔男孩喃喃念叨着我那些几乎被泪水洗刷过的青春。

我提到了谢靖。这个如毒咒般秘密的名字被我咬牙切齿地说了出来，可就在那一瞬间，当我看到 Luca 若有所思的脸，我如同醍醐灌顶，猛然惊醒。

我爱谢靖。可是我的爱，竟然已经这么扭曲。

这么多年，我对他的爱而不得，夹杂着精神和物质被掠夺后的空虚，终于变成了畸形的恨意。

这么多年了，他一定知道我对他的感情，却依然装傻装盲。我在他面前，就像一个跳梁小丑，自说自话，自怨自艾。

……

“Luca，你不知道，情爱是这世上最害人的东西。我有多爱他，就有多恨他。”

熠熠生辉的星空下，我终于泪流满面。

一只手轻轻拂过我的头顶，Luca 起身脱掉衣服，露出结实的上身。我看见他靠近胸口处的疤痕，从心脏一直延伸下去，狰狞而扭曲，仿佛隐藏着一个巨大的秘密。

然后他笑了，他伸出手轻轻抚摸自己的胸口，说，“这道疤，是我哥哥留给我最后的印记。我们曾经共用一颗心脏，可是后来，这颗心脏只够支撑一个人的生命。”

“易，我和哥哥，其实是连体婴儿。只不过，我是那个幸存者，而他，成了术后那 50% 的失败率。我们刚刚被领养不久，还没过上幸福的生活，他就死在了冰冷的病床上。而我之所以和你交换这个秘密，只是想告诉你，我们漫长的生命，从出生起就被赋予爱和被爱的权利。抱怨和独自悲伤并不能改变现状，你要敞开胸怀去接纳包容每一个人，爱每一个人，并且要为所有人的幸福而努力地活着。”

我没有想到，在琉森的第三个晚上，谢靖敲响了 Luca 家的大门。

之所以能够这么快这么准确地找到我，是因为他在我的手机里安装了 GPS 定位跟踪系统。

什么时候安装的，我不知道。我只知道，这么多年，我像个傻子一样被他骗得团团转。我的所有伎俩和小心思都在他的掌控之下，只是他不说，像逗猫一样，看我自己表演。

那晚，我们在他预订的酒店里大吵一架。谢靖要带我回国，起初我拒绝，结果他说，“爸爸被查出了胰腺癌，你去看看他吧。”

我愣了一下，继而冷笑，“报应！都是报应！”

谢靖静静地看着我狰狞的表情，眼底的光芒如大海般深沉汹涌。

6.

我最终还是决定跟谢靖回国，作为儿女，理应尽孝。

回程的机票订得匆忙，临行前，我去找 Luca 告别。可是这一次，我没有见到他。

Keller 先生告诉我，Luca 去了大使馆。他的亲生父亲重病，需要移植器官。那个男人后来再无法生育，只能借助官方媒体寻找当年遗弃的连体婴儿。很幸运，他通过孤儿院找到那对兄弟的资料，知道自己有一个亲生儿子还活着，希望 Luca 可以回去做一下血型配对。

我不可置信地看着他，短时间内巨大的信息量令我几乎晕眩，我冲他喊，“即便你们不是 Luca 的亲生父母，可你们怎么能忍心看着他再去受罪？那个抛弃他的男人，当初是他们不要他的，可是现在，当他自己要死了，他为什么突然想起了这个儿子，他为什么不去等死，为什么还要让 Luca 再受一次伤害！”

那是我第一次发那么大的脾气，我泪流满面，对着两个并不算熟悉的国际友人。

而他们只是无奈地看着我说，“Luca 不该活在仇恨里，不能因为生父抛弃了自己，就选择恨他。上帝说，要爱我们的每一个子民。Luca 有权利选择自己认为对的事情，我们爱他，当然也会尊重他。”

那段时间，我经历了前所未有慌乱与疲倦。

直到回去后我才知道，爸爸根本就没有得什么胰腺癌，一切都是谢靖哄骗我回国的借口。

我冷冷地与他对峙，“谢靖，你利用我对你的信任来欺骗我，是不是特有成就感？”

他的表情依旧那样平静，他说，“易夏，我只是不知道该怎样带你回家。”

等我找到 Luca 所在的医院时，他刚做完腹部磁共振。他穿着蓝白条的病号服坐在病床上，微笑着看我，目光百转千回。

我的眼泪终于无可遏制地掉了下来。我走上前轻轻拥抱他，拥抱我的温暖少年，我说，“Luca，你知道吗，有时候，你的善良让我感到惭愧。可是在你最无助的时候，我竟然什么都帮不了你。”

Luca 进手术室的那天，我坐在走廊里冰冷的椅子上，心里空荡荡一片，像个黑洞，怎么也填不满。

手术持续了六个小时，庆幸的是，手术成功。之后那一周，男人并未出现排异反应。

阳光晴好的日子，我推着他的轮椅在医院后花园散步，刚过住院部，就看见谢靖静静地站在那里，不知已经站了多久。

那是我们距离上次不欢而散之后的第一次见面。我慢慢走过去，刚想开口问他怎么会来这里，不想他突然上前一步，拽住我的胳膊一把将我拉进怀里，说，“易夏，做我女朋友吧。我们不是亲兄妹，不用在乎别人的目光！”

我像看疯子似的看着他，不知道他莫名其妙又整得哪一出闹剧。

直到他说，“易夏，你的那些小动作我都看在眼里，我知道你讨厌我夺走了你的一切，可是这么多年，我包容你甚至纵容你，你为什么总是觉得理所应当呢？你知不知道，我一直在等你长大，以为你长大了就能明白我的心情，可是你却用实际行动告诉我，你不在乎。你宁可天天在医院守着一个认识不到一个月的男人，也不愿跟我回家多看我一眼！”

我睁大眼，一时间茫然无措。这些话像是一颗重磅炸弹，炸得我脑仁快要裂开。这么多年了，我像个傻子似的演了这么多年的独角戏，竟然不知道他还怀着这样的心思！

我慌乱地从他怀里挣脱开来，回头，就看见坐在轮椅上，被巨大阳光笼罩着的，满脸孤独而又悲伤的神情的 Luca。

7.

有很长一段时间，“二十年前被遗弃连体婴儿放弃仇恨回国救父”的新闻成了各大报纸版面的头条。也是在那段时间，我见到了当初暂时收养他们的福利院院长。

我陪 Luca 去了曾经住过的福利院，看他静静注视自己儿时生活过的地方，看他小心翼翼地抚摸曾经睡过的床铺，时间似乎定格在这里，一切都显得那样美好。

而我竟然有些惊奇地发现，我对福利院的一草一木都有着莫名的熟悉感，仿佛许久以前我曾来过。

因为天天面对络绎不绝的记者，Luca 的身体和精神变得极度疲惫，Keller 夫妇决定还是接他回瑞士休养。

然而，我终究还是没能见到他最后一眼。

Luca 回瑞士那天，我原定去机场送别，却被谢靖告知，那趟航班因暴雨取消，行程延后。

因为前车之鉴，起初我持怀疑态度，可是我拨给 Luca 的电话，始终没有人接听。他仿佛人间蒸发了一般，永远消失在了我的世界。

直到两天后，我看到了那则新闻。一架从中国飞往伯尔尼的航班因天气缘故经停法国，遭到恐怖分子袭击。

而我那时才知道，因为北京的暴雨，Luca 提前一天离开。他打了很多电话给我，却始终联系不上我。因为在我不注意的时候谢靖将我的手机设置了飞行模式，而我竟然也一直没有发现。

Luca 想找我的时候拨不进来，等我想找他的时候，他已经不在。

我浑身的力气仿佛被抽得一干二净。

那段时间，我夜夜醉酒，生不如死。我拒绝谢靖的靠近，因为看见他，我就会想起那个可笑的黑名单。

终于有一天，他在酒吧找到醉生梦死的我，问我是不是想把自己喝死。我大吵大闹地泼了他一脸鸡尾酒，然后又开始放肆地笑。

我笑得眼泪都流了出来，我说，“谢靖，以前我以为我爱你，我在你面前拼命表现，甚至跟我爸吵架，砸花瓶，我就想让你关注一下。我承认我幼稚，但谁年轻的时候不是这么过来的呢？我一直以为你不在乎我，咱们这样的家庭，哪里来的真心！所以那天你在医院说完那些话之后，我整个人都懵了。真的，我用了好几天来消化这些东西，可是消化完了我才发现，我爱的不是你，只是你外表那些看似美好的假象啊！”

“可我对 Luca 是不一样的，这种感觉我说不清，但我知道，是他给了我最真实的温暖，他让我感受到了这个世界上最博大的情怀。他让我觉得不再孤单，让我觉得生活中的一点一滴都是感动，因为他，我的心里忽然有了力量。”

“谢靖，我对你拥有的根本不是爱情，而是自以为是的占有欲。”

一直以来，我崇拜你、关注你、想占有你，将你桎梏在我身边，可那都不是爱。

真正的爱，是舍得，是宽容，是慈悲。

是山川与温热河流的交汇，是大地与星空的拥抱。

8.

Luca 走后，他的一切仿佛都成了我的执念。我经常不由自主地跑到他住院期间的病房前徘徊，一度让医生以为我精神有问题，谢靖也没少为这事操心。

直到有一天，我接到一个电话，来自福利院。

院长大概是听说了 Luca 的事情，诚恳地邀请我过去，取走 Luca 留下的东西。

那是一袋风干的苔花，青色的苔花被细细碎碎装进袋子里，袋口用漂亮的花体英文写着一行字：For Love and Future.

Luca 来中国前从自家的墙壁上摘下这些花，特意回国送给院长，感谢当初福利院对他和兄长的收留。逆境之花，象征着顽强的生命力，也是对所有孤儿的一种祝福。

我问院长，“为什么要把它给我，你们不想留点什么做纪念吗？”

她笑，翻开档案薄，指着一张泛黄的老旧照片对我说，“第一次见你，就觉得你眉眼间看着熟悉，没想到，你们的缘分，竟然这么深。”

我想，生活一定是跟我开了一个巨大的玩笑。不然，我怎么可能也是在福利院长大，并且认识当时只有五岁的连体婴兄弟呢？

院长给我看的那张照片，是儿童节时市政府专门派人来拍摄的，目的就是要报道这对连体婴儿，寻找他们的亲生父母。我看见自己站在他们的身旁，飞扬的笑容仿佛不曾经历过世上最痛苦的忧伤。

那则报道虽然没有找到 Luca 的亲生父母，却意外吸引了一对来华旅游的瑞士夫妇。在他们将两兄弟带走之后，我因乖巧的笑容也被本地一对无法生育的夫妻领养。可是，当天回去的一场车祸让我受到惊吓，完全丧失了记忆。

我忘记了福利院，忘记了那对兄弟，忘记了所有人的脸。

直到在苏黎世似曾相识的相遇，又从琉森辗转到中国，跨越时间和空间，穿越高山云海，缘分未断，恍如隔世。

再度见到爸爸，因为生意上的波折，他好像一下子老了十岁。

我走上前去轻轻拥抱他，我说，“爸爸，以前是我不懂事，希望你能原谅我……还有，爸爸，谢谢你。”

他大概惊异于我突如其来的转变，也并不知道我的谢意来自于哪里，但还是很慈爱地伸出手臂将我揽住，轻轻安抚我激动的情绪。我伏在他怀里，第一次肆意显露出自己的无助，泪如雨下。

这么多年，他将一个毫无血缘关系的孩子抚养长大，不曾亏待，也不曾遗弃。而我竟然被恨意蒙蔽了双眼，因为年少无知的怨愤，辜负了他的一份苦心，一片厚爱。

而谢靖，他的骄傲让我的自卑无处遁形，而我的任性伤害又将他的好意推得更远。

我们就像两只刺猬，我不懂他，他也不懂我。我们想要拥抱，却彼此找错了方向，身上竖起的刺扎向对方，然后就只能血淋淋地对望。

9.

在 Luca 离开的第三个月，我重回故地，半墙苔花依旧，却再也感觉不到昔日的朝气蓬勃。

我站在卡佩尔廊桥上，将那袋苔花轻轻掷入河里。

细碎的苔花落入水中，泛起阵阵涟漪。而我年少时求不得的爱恨，也终在这一刻化作灰烬，与那个笑容暖腻的少年永久埋藏在波光粼粼的罗易斯河底。

在这个繁花盛开的夏天，我遇见一个人，眼如星辰，爱如大海。他让我看到了世间最真切的温暖，也融化了我已经学不会解冻的心。

可是，不是每个故事都能有完美的结局。或许遗憾的收尾，才是成长对我们最大的馈赠。

第二次来到霍夫教堂，柔和的阳光从彩绘的玻璃窗内照射进来，渲染出神圣的气息。

闭上眼，仿佛听见黑白键上的叹息。

衣着庄严的牧师对着门口讲话，我下意识地睁开眼回头，然后看见一个熟悉的身影静立在离我不远的地方。

他一步一步向我慢慢地走过来，坐在我身边。漫长的沉默之后，他终于开口，声音是前所未有的坚定。

他说，“易夏，爸爸妈妈都很想你……我也很想你。”

“我来接你回家。”

成都：此生莫相忘

始终觉得，跟江逸辰的遇见是场上天注定的意外。美国大片不都是这么拍的么，总是在世界最无助落魄的逆境中出现一个救世英雄，然后，世界和平。

同样，上帝似乎也是要用这样一种美好而奇怪的方式，对我这个刚刚从天堂落入地狱的孩子，展开一场爱与被爱的救赎。

1.

那个让人昏昏欲睡的午后，刚刚经历完一场心灵创伤的我漫无目的地游走在宽窄巷子。人群熙攘的路口，一个一身休闲服的男孩微笑着将一张刺青店的优惠券塞入了我的手中。他说，“美女你好，我们店这个月搞活动，原价 100 元的纹身现在只要 10 元，你有没有兴趣看看？”

男孩在说这话的时候嘴角的两个笑靥也不自觉地向上扬起，望向我的眼底似有两簇小小的火焰。

微微有一瞬间的恍惚，良久，我淡淡点头，抱着试一试的心态敷衍道，“好吧。”

在那个墙壁上贴满各式各样纹身照片的简单狭小的店内，他搬出一大摞图案问我想要什么。我说你看着随便纹一个吧。

他想了想，然后在白纸上用两个简单的三角形一正一反拼凑成一颗六芒星。

“那就纹颗星星吧。星星代表愿望，还会带来好运呢，用它许愿，梦想一定会实现。”顿了顿，他又突然孩子气地笑起来，轻声道，“对了美女，我名字里也有一颗‘星’哦，我叫江逸辰，星辰的辰。”

我定定地看着他，也笑起来，“既然你这么热情，那就亲自给我纹好了。还有，别总喊我美女美女的，我叫苏雨薇。”

我也真是胆大，居然拒绝了店里最好的文绣师，把细皮嫩肉保养了 20 年的大好肌肤交付在一个发传单的菜鸟手上。我明显地感觉到他握着机器的手僵硬而茫然，时深时浅，一下一下刺进我的皮肤，痛得我的心口瑟瑟抽搐。

他轻声问我，“疼吗？”

我隐忍而安静地趴在那里，倔强地摇摇头，把脸埋进美容床的床单里，眼泪终究无可遏制地流了下来。

江逸辰不知道，在与他街头偶遇头一天，我刚刚经历完一场惊天动地的分手。那对正在仙踪林甜蜜的狗男女被我抓了个正着，我这个正牌女友威风不到三秒，那个狐狸精便拿着橙汁泼到了我的脸上。

嚣张，太嚣张了！

我被彻底激怒，于是在众目睽睽之下便与她歇斯底里地撕打起来。而我亲爱的男友陈芷旸竟然一副事不关己的表情站在一旁看着这场免费的电影，将责任推得一干二净。末了，估计是看得无聊了，他终于缓缓上前拉开我们，将那个被我挠得满脸开花的狐狸精揽入怀中。那样淡漠迷离的眼光，像一把刀，狠狠刺痛了我的心。

他说，“苏雨薇，你怎么跟个泼妇似的？跟你说过多少遍了，你这个性格得改改，一个女孩子，懂不懂什么叫柔情似水，小鸟依人？就你这个样，哪个男的吃得消？”

“你找小三儿不说，倒怨起我来了？”我难以置信地瞪着他，“陈芷旸，你可真行啊，你摸摸良心，这么多年，我哪点对不起你？我就是对你太好太包容了，把你惯成了一个大傻子！”

仿佛一盆冷水从头浇到尾，我就那么直勾勾地盯着他，直到他被看得浑身发毛不敢跟我对视，我终于冷笑一声，转身离开。

我觉得自己从来没有这么坚强过，当着陈芷旸的面一滴泪也没流，就好像此事与自己无关一样。可是当江逸辰手中的激光笔深深刺进我的皮肤，我突然发现，不难过是假的。

我只是麻痹了自己，假装心不痛而已。

2.

大概是出于愧疚，江逸辰向老板请假，执意要送我回家。一路聊天，才知道他比我大 2 岁，理工大四学生，因为最近要攒钱买新电脑，所以才出来打工赚钱。

和陌生人吐槽自己的感情是最安全的。

我想倾诉的太多，那么多的委屈和悲哀，憋在心里，容易腐坏。可是，对于与陈芷旸马拉松式的分分合合，我却不知该如何启齿。都是天性薄凉之人，在一起两年，中途也曾有人不停介入，可最终，爱情像画了一个圆，我们还是沿着既定的轨道，走回了最初的地点。无法否认，芷旸在我心里始终是占据着不可磨灭的位置，无论我身边换多少张面孔，只要他一句软话，我便像没了头的苍蝇，乖乖再度回到他身边。

第一次牵手，第一次拥抱，第一次接吻……他是我的初恋，亦是我生命中无可替代的存在。

曾有朋友问我，明知这段感情是火坑，为什么还要傻傻地往里跳，我想了很久，却始终参不透因果。或许，陈芷旸就是我体内的蛊，控制着我的一切泪水和欢乐，轻轻一碰，便是血液逆转的彻骨疼痛。

说完我的那个渣男 EX（前任），无意间聊到他的女朋友，他的表情微微一僵。

他们从初中起就是同学，高中时曾被双双保送进重点大学，一路相互照顾相互扶持，可如今，两个人已经僵持了有一段时间，他不知道该如何处理这段关系，也不知道，这种互不联系的冷战算不算默认的分手。

我不解地看着他，问及冷战原因，他想了想，几乎是有些苍白地笑了笑，说，“大概，还是价值观不合吧……我只是个穷学生，买不起名包名表，她追求的那种生活我给不了。”

不知是不是因为感同身受聊表哀伤，要么就是被陈芷旸气出了后遗症，我突然觉得胃疼。

我蹲在地上，豆大的汗珠顺着额角大颗大颗掉落下来。后腰上那颗六芒星像颗渗入我血液的烙印，痛得我的心也开始隐隐抽搐。

江逸辰一时慌了，拉过我的胳膊，背起我就往医院跑。

到了医院，医生说是急性胃炎，需要住院。他陪在我身边，脸色比我还要苍白。当得知我已经 28 个小时没怎么吃东西，他突然就沉默了。他几乎是有些气急败坏地问我，“苏雨薇，你是不是从来都不懂得怎么照顾自己？”

初次相识，我对于他也不过是个陌生人而已，他怎么会这么生气呢？

我一脸茫然咬紧下唇，想了想，却终究什么也没问。

从医院离开的时候，江逸辰对我说，“苏雨薇，你这个样子我很心疼……希望……以后……如果有机会，我可以来照顾你。”

他的眼神诚恳而又真挚，可我瞬间明白了他的意思。

我摇摇头，有些木讷地干笑了两声，“江逸辰，我们不是一个世界的人，若有交集，纯属巧合。今天谢谢你，但是以后，我们还是不要再联系了。”

3.

我做梦都没想，第二次遇见江逸辰，依旧是在医院，并且，还让他看见了我最狼狈不堪的模样。

每家送餐公司对送餐员都有时间限制和要求，很不幸，我过马路时被一辆赶时间的送餐电动车撞倒，那个年轻的男孩因为太着急匆匆而去，甚至没有注意到坐在地上的我。

手掌和膝盖被剐掉了一层皮，鲜血直流，我一瘸一拐地起身，打车去附近的医院包扎。

门诊楼挂号的时候，我再度看见了那个让人一眼难忘的身影。他提着保温桶站在收费窗口向里询问，我远远看着，竟不敢上前去打招呼。

仿佛心灵感应一般，他突然回头。四目相对的那一刻，四周安静成一片。

他大步走过来，蹲下看了看我膝盖上的伤口，沉默了大概三秒钟，似是无奈，又像自言自语一般，轻声道，“你怎么又病了啊？”

我抿着嘴不说话，内心却如被风灌满的沙袋，沉重却又空落。

泪水毫无征兆地落下来，低下头，便看见男孩眼底碎成一片的心疼。

我不是一个爱哭的人，可是不知道为什么，面对江逸辰，这个我只见过两面的“陌生人”，我的眼泪总是来得莫名其妙。

坐在出租车上，他说，“我跟魏苒分手了。从小到大我都是不大懂得爱情的人，跟她在一起，似乎也只是习惯多于爱。所以当我们两个人的价值观产生矛盾，以前从未正视过的问题接踵而至，这段感情终结也是再正常不过的事情。”

我身体一僵，蓦然明白过来，魏苒就是他的女朋友。

“我想我一定是对你一见钟情了，不然，这些天，为什么眼前总是浮现你的脸？”他不理会我的犹豫，自顾自道，“你知道么，其实在见你的第一眼时，我心里就有一种不一样的感觉。有些慌乱，还有点不安。当时就有种想上前去了解你的冲动，却又不知该从何开口，所以，我只好假装热情地把那张刺青店的优惠券塞到了你手中。其实，我根本就没有正式地给别人纹过图案。那天，肯定弄疼你了吧。"

"没，没有，你纹得挺好的。"我连连摇头，"第一次弄成这样真挺好的，很有天分，以后可以考虑干这一行儿。"

见我依然拘谨地端坐在那里，他突然笑了一下，伸出胳膊，将我的头按向他的肩膀。

"苏雨薇，你需要的是一个可以依靠的肩膀，而不是自己故作独立的逞强。来，我把自己的肩膀借给你靠一会儿，免费的，不收钱，只要你开心。"

他的臂膀宽厚温暖，碰触到我脸颊的那一刻，似有无限力量，顷刻温暖了我的整个心房。

4.

逸辰开始慢慢沁入我的生活中，也让我开始相信，腰间的六芒星真的为我带来了好运。

或许，遇见他，就是我此生最好的运气。

他带我去吃锦里和玉林街的串串香，带我去春熙路各种各样的特色小店"淘宝"。欢乐谷的过山车下，阳光细细碎碎地照射下来，他突然从兜里掏出一个精致小盒，有些不好意思地笑，"雨薇，这件礼物我想了很久，打了一个月的工才攒够了钱。你看看，喜不喜欢。"

施华洛世奇的水晶手链。如此珍贵的礼物，虽不是戒指，却郑重得仿佛一场求婚。

从来没有人对我这样好过，从来没有人视我如珍宝。

我转过脸，莫名红了眼眶。

回家的路上下起暴雨，两个人都没带伞，只得到附近一处棚子下避雨。

逸辰脱掉外套披在我身上，将我紧紧裹在他的衣服里。我抬起头笑盈盈地问，“你为什么对我这么好？”

他抱住我，在我耳边呢喃，“因为我爱你。”

那是逸辰第一次真真正正地对我表白。

我爱你。三个字其实早已注定了我们此生的所有纠结。

逸辰不知道，他是唯一一个洞悉了我隐匿在内心深处的脆弱的人。我对陈芷旸的爱而不得以及患得患失，多年来的所有情绪，在他告白的那一刻轰然坍塌。

那一刻，我忽然不想再做任何的伪装，不想故作坚强，只想依偎在他温暖的胸膛。

傍晚，他送我到小区楼下。离别时刻总是格外伤感，我轻轻抚摸他脸部硬净如玉的轮廓，叹息道，“江逸辰，我们本是两个世界的人，可是命运为什么要让我一次又一次地遇见你？”

腕间的水晶手链在路灯下闪烁着奇异的光彩，他低下头看我，瞳孔中，我的身影清晰可见。

他勾唇微笑，“苏雨薇，说实话，我以前根本就不相信一见钟情，总觉得激情的产物来得快去得也快。直到我遇见你，看不见的时候想念，看见了就觉得欢喜。我可能是属于比较后知后觉的人吧，活了 20 多年才真正明白过来，爱是什么。”他摸了摸我的脑袋，“我这辈子估计要栽你手里了。你呢，你愿意和我一起走下去吗？”

我望着他温柔缱绻的眉眼，内心突然间再次失了分寸。犹豫很久以后，我终于点点头。

逸辰笑起来，微微泛起潮红的脸羞涩而又坚定地慢慢向我靠近。

闭上眼，繁星满堂。

5.

时光那么短，路途那么长。我以为我们可以这样平淡而幸福地走下去，直到，陈芷旸再次出现到我的世界。

不，不是出现，是回到原点。

他帅帅地将我堵在学校门口，一双多情的桃花眼惹得满街女生频频回头。他说，“雨薇，和好吧。绕了一大圈，我觉得我还是最喜欢你。”

我看着他滑稽而认真的表情，一脸不可思议地上前摸摸他的额头，“芷旸，你今天是没吃药还是药吃多了？”

他一把握住我的手，轻轻叹息，“雨薇，我错了，我再也不犯浑，不跟那些妞儿瞎搅和了。我们不闹了好不好？”

“我跟你闹？”我笑了笑，笑得眼泪都要流出来了，“从始至终，对我召之即来挥之即去的人，全都是你自己啊！”

我后退一步，用力将手指从他攥紧的掌心抽出，抬起头的那一刻，忽然有种释怀般的伤感。

我始终相信芷旸是对我有感情的。或许只是爱情的时间酝酿了太久，少了些激情，多了份寂寞。所以他才会在新鲜感的刺激中徘徊不定，所以我们才会在时间的空白中慢慢消磨掉最初的美好。

出轨是因为花心，道歉是因为真心。你看，这就是人性的复杂所在。

我摇摇头，轻声说，“对不起啊芷旸，我已经有男朋友了。他对我那么好，好得让我开始相信奇迹，相信我活在这世界上，生命还有另一种意义。芷旸，我承认我以前确实很喜欢你，但那些都已经过去了。我现在挺幸福的，真的，你也要好好的啊。”

转身，以一个利落姿态决绝离开。

芷旸，我多么不愿承认自己对你依旧还有些许的不舍。可是逸辰已经成了我爱情里的一场意外，当他坚定拥抱我的刹那，我头一次有了一种不问明天奋力去爱的念头。

是他将我从醉生梦死的绝境中救出，教我享受幸福，学会快乐。那种不计一切代价的爱，我遇到过，已经知足。

6.

春有百花秋有月，夏有凉风冬有雪。转眼，我和逸辰已经度过了将近一年的好时光。

以为日子能这样平淡安静地过下去，可当魏苒一脸寂寥地出现在学校门口时，阳光明晃晃地直射下来，如同尖锐的锋芒

“哗”地刺伤了我的眼睛。

她说，“苏雨薇，你的事情逸辰都对我说过。我不知道你到底爱他多少，只是希望你不要利用他对你的感情。你们的世界差得太远，所以，我希望你能离开他。”

“什么叫我利用他的感情，你怎么知道我们就不是两厢情愿呢？”我嗤笑一声，冷眼看着她，“再说了，你现在是以什么样的身份跟我说这种话啊，前女友吗？管得可够宽的啊！”

“我知道我没有资格跟你说这些，但是你跟陈芷旸那些陈芝麻烂谷子的事我全都知道！告诉你苏雨薇，我早就看出来你跟陈芷旸都不是什么善茬，你骗得了逸辰，可你骗不了我。那么多年你们俩都断不了，你以为我会相信你对逸辰是真爱吗！你不过是利用了他对你的怜惜而已！”

“我跟逸辰是好是坏，那也是我们两个自己解决，轮得到你指手画脚吗？”我终于抬头冷冷地与她对视，“魏苒，你别太自以为是，当初可是你嫌逸辰满足不了你的虚荣心才跟他分手的，现在又跑来我这里装情圣，你是不是言情小说看多了，给自己加戏加得太重了吧？”

“他跟你说，是因为满足不了我的虚荣心才分手的？”魏苒一脸难以置信，她有些茫然地扯了扯嘴角，表情似哭非哭。下一秒，她突然扯开毛衣的衣领，清瘦的锁骨上赫然刺着江逸辰三个深深的大字。

她高仰起脸，眉目狠戾扭曲，“好，真好，为了你，他竟然编出这样一个谎言来跟我分手！行，既然是他说的，那我认了！但是苏雨薇，你要记住，即便有一天，全世界都抛弃江逸辰，但我不会，永远不会！我魏苒这辈子只爱过江逸辰一个人，我能为他去死，你能么？”

那一刻，望着她骄傲到不可一世的脸，我突然间感到格外恐惧。

我可以为逸辰做任何事情，除了死亡。如果死亡有用的话，那么相爱和生存还有什么实质上的意义？相爱的两个人就应该好好生活在一起，难道为了单纯的挽回和威胁就要搭上自己的性命么！

“死有什么用，死了你就能得到他么？我看你也就这点出息了。”我面无表情地看着她，“好吧，那咱们就试试，如果你能够用死换回你的爱情，那我宁愿退出。”

正午的阳光冰冷又热烈。

“我会让你后悔的。”她说着，目光冰冷，转身绝决而去。

7.

也是在那天，我终于知道，街口发传单根本就不是我和逸辰的第一次见面。早在这之前，我们学校和他所在的理工大学篮球联赛，他就已经注意到了拉拉队里的我，他跟魏苒提过几次分手，只是她一直没有同意。

直到真正和我有所接触，他下定决心，斩钉截铁地结束了他们的关系。

他说他不爱她，她说他骗了她。

我把自己关在屋子里整整一个下午，所有来电一律不接。直到逸辰“哐哐”砸门，我恍然惊觉，他似乎还欠我一个解释。

我打开门让他进屋，倒了一杯水，问他，“都说男人薄情起来，九头牛都拉不回来。我怎么知道以后你要是再遇见更喜欢的人，就不会这么对我呢？”

“那你有没有问过魏苒，我平日里跟她的关系到底怎样，是恋人的感觉多一些，还是朋友的关系更多一些？”他目光沉沉地看着我，眼中是我从未见过的失落，他反问我，“苏雨薇，这些事情你竟然需要别人来提醒。我对你的爱，你就真的感受不到吗？”

我怔在原地。半晌，终于点点头，如释重负地笑了起来。

“好，江逸辰，我相信你。”

我笃定地认为，那么多磨难我们都经历过，便再没有什么可以将信念摧毁。可是我忘了，爱情再伟大也伟大不过现实的残酷。

所以当我与逸辰紧紧握住彼此的手看着急救室外那盏红灯惨烈狰狞地叫嚣时，心里好像有什么东西，突然就摧枯拉朽地崩塌了。

我不知道，要有多大的勇气和力量才能让一个弱不禁风的女孩将那枚冰冷锋利的刀片抹过自己的手腕。

当医生将带着氧气罩的魏苒从手术室里推出来时，他无奈地摇头掀开被单一角，魏苒的胳膊上，满满当当，全部是用黑色颜料刺上的“江逸辰”。

她真的如她所说，选择用最决绝的方式，用生命捍卫自己最后的爱情。

魏苒的事情被闹得满城风雨。逸辰说，“雨薇，给我一点时间，让我和她好好谈谈。”

我不知道他们还能怎么谈，魏苒已经用她的生命作为这场游戏里的最后一把赌注。那么惨烈绝望的方式，换作任何一个人都不敢抱有太大希望。然而我还是点点头，面无表情却满心凄凉地看着他的背影循着逆光，慢慢消失在医院走廊的尽头。

就在逸辰消失在走廊尽头的下一秒，手机突然声嘶力竭地震动起来。一个陌生号码，那端传来一个中年女人的短短几句话："你好，是苏雨薇吗？我是芷旸的妈妈。他胃出血，很厉害，昏迷中一直在念你的名字。你能不能来看看他？"

我五指颤抖着握住手机坐在医院冰冷的走廊里，从黄昏到深夜，只是安静地发呆，内心突然失去了所有痛感。

我不知道这是不是我们的最后一次机会，我只知道，我的爱情或许就要在这种日日胆战心惊的岁月里，慢慢消失殆尽。

8.

逸辰终究还是回来了，瘦了很多，眼神却依旧温和明亮。他站在学校门口轻轻拥住我，像在触碰一个绝世珍宝，几乎用尽了一生的温柔。他说，“魏苒终于妥协了。但是作为前提，我必须陪她过完最后一个生日。”

我把头埋在他怀里。天气那么热，我却像被独自抛弃在冰岛，鸡皮疙瘩一层又一层地起，心口彻骨寒凉。

他没有看到，我的眼泪悄悄落了下来。因为我突然觉得，这个拥抱，似乎更像是诀别。

我在心里一遍又一遍地叹息，逸辰，你大概永远都不会知道，经历过那么多次分离和诀别，唯有这次，还未看清事实我便已经开始手无足措。就像所有爱情故事里坚信不疑的承诺，我相信你，却没有勇气面对我自己。

我们还太年轻，为了爱，所以不论结局是好是坏，亦真亦假，我都选择了承受住一切压力与你并肩而行。

我始终相信，在灾难发生前，人和动物一样会有本能的预感。只是我们这一功能在现实的尖锐中逐渐退化，直到大难临头，为着我们挚爱的人，才会突然恢复知觉，对一切潜伏的危机敏锐得可怕。

而令我没有想到的是，我的预感竟然灵验了。那个拥抱，原来真的是诀别。

就在魏苒生日的头一天晚上，她因煤气中毒，陷入深度昏迷。手机里有一条尚未发出的短信，内容只有六个字。

江逸辰，我爱你。

没有人敢用“失误”来定义这一场事故，也没人知道她什么时候能醒过来。魏苒的父母哭得昏天黑地，在医院里大骂我是“狐狸精”。逸辰紧紧握住我的手抿着嘴不说话，可我能清楚地感觉到，他的手在颤抖，他的身体在剧烈颤抖。

冬日的阳光那么冰冷，我想笑，眼泪却流了下来。

陈芷旸。魏苒。江逸辰。苏雨薇。

我们像四条纵横交错的对角线，缠绕在命运的转轮上。

如今，是非对错都已不重要。其实我们都没错，是命运的玩笑，开得太可笑。

9.

现实中生离死别的剧情每天都在上演，而经历过那么多次分手的我，如今这俩字却说得如此艰难。

我和逸辰彼此沉默地低着头，谁也不肯先开口。

是舍不得吧，逸辰，我们毕竟是真心爱过的。这短暂的一年，或许对于常人来说只是弹指一瞬，而对于我们，却是整个青春。

时间在寂静的尴尬中慢慢沉淀下来。良久，他终于轻声开口。他说，“雨薇，对不起。”

对不起。多么拙劣烂俗的三个字。

夏天的阳光那么刺眼，明晃晃地照射下来，痛得我快要泪流满面。我咬紧下唇将眼泪咽回心底，想说的太多，却终究还是沉默。

不哭不是因为坚强，而是怕他看到我的眼泪后又会心软动摇。我那么爱逸辰，怎么可能让他驻足中间左右为难?

是谁说的，爱一个人就要学会放弃。所以我放弃我自己，用所谓的牺牲去成全另一段并不算是爱情的守护。

看着逸辰犹豫而难过的表情，我的心也跟着一阵一阵没有来由地抽痛。我们都有无法摒除的责任，除了背负前行，还能怎么样呢?

很早的时候我就已经明白这个世界的变数以及梦想的脆弱和美丽，就像我后腰上那颗六芒星，它能替人实现愿望，却改变不了即将扭转的现状。生活已经消磨掉了我们太多的尖锐和棱角，纵然彼此相爱，可爱情毕竟不是生活。

所以我如他期望一样，坚强地微笑，“逸辰，没关系，你什么都不用说，我都明白的。”江逸辰，你已经给了我全世界最好的爱，就算别离，我也绝不遗憾。

转身离开的那一秒，我清楚地看见他眼角有一抹晶莹一闪而过。那些破碎的星芒如同一场盛大的流星雨，在遥远的天籁静静熄灭成一片空旷的忧伤。

10.

有人说，快乐总是太容易被人淡忘，而疼痛，却是刻骨铭心的一辈子。

离开逸辰之后的那段日子，我常常无端发呆或是泪流满面，有一天我对着镜子梳头，大把头发掉落在地上，我突然发现，我还这么年轻，好端端的，怎么就沧桑成了这个样子。

他曾在我的腰上纹下一颗星，却在我的心里，纹下一颗心。

我和逸辰并没有删除手机号或者各种社交平台的好友，可又像是心有灵犀一般，彼此再没有联络过。

但是我知道，他毕业后在一家外企工作，常常出差，满世界坐飞机谈项目；我知道他始终孑然一身，发的所有朋友圈，都是一双筷子，一个碗。

脑海里总有一个声音无数次地叫嚣：去找他，去找他！

可是我不敢。我不知道在经历了魏苒的事情之后，我们该以什么样的心态，重新相识于人海。

是我自己，不够有勇气。

对于我的犹豫和患得患失，芷旸看在眼里，却从不说什么。那次大病之后，他在一夜间收敛了所有锋芒，与过去的风花雪月告别，安静地陪在我身边。

我始终拒绝他的明示或暗示，只以朋友的身份，守护心底的最后一块净土。

直到有一天，我对他说："我想出国，继续读研。"

他表情惊诧，静默了一会儿，微不可觉地笑了一下，什么都没有说。

或许他也明白，时间能够证明爱情，亦能够推翻爱情。那些我们自以为刻骨铭心的回忆，因为另一个人的出现，终于还是随风飘远了。

2016 年 7 月，我从英国东安格利亚大学研究生毕业，在周边几个大城市玩了十天，然后结束了自己的毕业旅行。

彼时，距离魏苒不治去世已经两年，而距离我离开逸辰，已将近三年。

从伦敦机场转机的时候，候机大厅传来广播员的登记寻人信息。念出的名字是“Eason Jiang”，我心口一动，又觉得是自己想太多。

因为逸辰的英文名，也是 Eason。

摇了摇头，我叹口气，拎着行李上了飞机。

数十个小时的飞行会异常疲劳，我向空姐要来薄毯，正准备搭在身上，只听一声“Excuse me（抱歉）”，耳畔瞬间惊雷般炸响一片。

抬眼，我愣愣看着那张在梦里无数次让我哭泣惊醒的眉眼。

不知是该笑还是该哭，我绷着一张脸，想了半天，却只能从嘴边生硬地蹦出几个字：“好，好巧啊。”

“不巧，我是专门来找你的。因为我觉得，人不能总活在过去，如果未来要和我结婚的那个人不是你，那我后半辈子的生活也没什么太大意义。”他在我身旁的位置坐下，“我从陈芷旸那儿要来了你学校的地址，原本想给你一个惊喜，没想到你提前结束了毕业旅行，赶着要回国。幸亏我反应快，买到了和你同航次的最后一个经济舱位。不然，我们这场见面，不知道还要延迟多久。”

顿了顿，似乎座位上有什么东西硌到了他的屁股，他侧身，伸出将一个手机摸了出来，递给我，“喏，这是你的吧？还是改不掉乱扔的毛病！”

他宠溺似的责备让我的心口没来由地一阵瑟缩——我已经很久很久，没有看见过这样充满爱意的的眼神了。

接过手机的瞬间，我的手指无意间碰触到了某个按键，屏幕骤然亮起，我刚刚翻看的内容，就这样一览无余地“暴露”在他眼前。

江逸辰笑了。

那是一周前他发出的一条微博。

“世上唯有你，予我爱别离。回忆路漫长，此生莫相忘。”

东京：风雪有时尽，一落到白头

吕羿川，从此以后，我再不能像孤胆英雄般炽烈地去爱一个人了。

我的胸膛里燃起熊熊烈火，照亮了你，却焚烧了我自己。

1.

梁森第一次遇见吕羿川纯属意外，可冥冥之中，总有那么点注定的意味。

新世界百货门口，年轻男人穿着一件蓝色衬衣，蹲在一个乞丐老爷爷身旁，要给人家变魔术。

给一个乞丐变魔术，他是来搞笑的吗？

梁森不置可否地耸耸肩，权当他哗众取宠。正准备进商场，却见他举着一个 6 寸大的盖碗，晃动了几下之后，原本空荡荡的碗里莫名多出了一个汉堡。

所有人惊讶的目光中，他将汉堡递给乞丐，笑眯眯道，“怎么样，爷爷，这个魔术您喜欢吗？”

她终于看清了他的容貌。眉眼深邃，鼻梁硬挺，笑起来的时候，眼底仿佛容纳了星辰和大海。

变魔术的事情很快被梁森忘在了脑后，毕竟女人购物起来，根本没有理智可言。

拎着大包小裹的打折品从商场出来的时候，8级肆虐妖风刚过，路边的ofo小黄车被吹倒了一片，七零八落躺了一地，看起来可怜极了。

她顺势走到一辆单车旁，打算骑到地铁站去。刚准备开锁，就听见身旁一个温润又有磁性的声音好心提醒，“那辆车的链子是坏的，我刚试过，已经报修了，你骑这辆吧。”说着，便将他手中的车子推了过来。

她眼角余光瞥到一抹蓝色，再抬头，就看见一张硬净如玉的脸。

梁森彻底愣住了。

“刚刚……给那个乞丐变出面包的人就是你吧？”一天两次的相遇让她格外激动，拎着兜子的手指都在颤抖，“这么帅的小哥哥，你是上帝派来的天使么！”

他被她花痴的眼神盯得有些不好意思，抿了抿嘴，微微含笑，“举手之劳而已。乞丐和流浪汉也需要尊严，换种方式，更能让他们接受到我们的善意。”

梁森止不住地点头。对对对，你长得帅，说什么都对！

犹豫了一会儿，她还是扭捏道，“那个，我骑了你开的车子，一会儿付钱的时候怎么给你啊，要不加个微信吧？”

“今天周末，都是免费的，你直接关锁就行。”他笑笑，眉目熠熠生辉，“不过，如果你感兴趣的话，也欢迎来看我的表演。我叫吕羿川，是个魔术师。”

她就这样要到了这位天使暖男的微信号。骑车离开的时候，远远回头望去，看见他竟然在弓着身子，一辆一辆地扶起躺在地上的小黄车。

摸了摸胸口处如打鼓般咚咚直跳的心脏，她深深吸了口气，一颗心激动得快要飞起。

“天呢天呢！长这么大，我还是第一次见到这么英俊的男子，做着这么美好的事情！”

2.

日子过得很快，之后的一个月，梁森和吕羿川没有任何私下联系。加过的好友成了摆设，但她时常翻看他的朋友圈，都是各种各样的演出，国内的，国外的……他在舞台上笑得肆意飞扬，浑身散发着巨大而又明亮的光。

研究生毕业，梁森在一所私立医院的中医科实习，经验算不上丰富，但祖传的推拿按摩术，倒是让她在这里渐渐有了不少亚健康老顾客。

她就是在这里，再次遇见了吕羿川。

那天她恰好顶替主任值班，他拿着挂号单推门而入，乍见她之初，先是愣了一下，思考了足足一分钟，才恍然大悟道，“竟然是你啊，你在这儿工作？这也太巧了吧！”

他最终也没有说出她的名字。她想，他可能是忘了。

也对，他这么忙，忘记普通又平凡的自己，是再正常不过的事情了。

她故作淡定地为他号脉，可是她的脉搏，明明跳动得比他还要快。

“你是不是表演压力太大了？心火和肺火过旺，已经导致头部不清明了。”梁森开始在电脑上敲字，“给你开五副药，吃完了来找我调方。”

双花、元参、麦冬、白芍、甘草、桔梗。

“就这么几味药，够吗？”他拿着，不敢置信地看着她，“我看别的大夫不都一次性给人开十几味吗？”

她笑笑，“所有的药都是有偏性的。是药三分毒，别觉得吃多了就好，中药也一样。”

在处方笺上签字的时候，她没有学那些草书中医，而是一笔一划，写下了自己的名字：梁森。

她怀揣了那么一点点少女般的小心思。

咱俩都第三次见面了，怎么也该记住我了，对不对？

结果那天下班，吕羿川执意要请她吃饭。问及理由，他思索了半天，才半开玩笑道，“我觉得你这个小姑娘不简单，年纪轻轻，对药理倒是明白得很。我身边没什么学医的人，就当交个朋友吧，以后我这身体还得仰仗你呢。”

去的是他最喜欢的一家居酒屋。日料店在民居巷子深处，红彤彤的灯笼挂在山门外，远看便有家的温暖。

六十多岁的上海料理长做了几十年的寿司，一个个都是亲手握出，配上软嫩鲜甜的鸡肉火锅，像是深夜食堂一般温暖人心。

从始至终她都表情淡淡，假装若无其事跟他闲聊的时候，没有人看见她的手指在桌子下面，紧张得攥成了拳。

吕羿川为梁森点了梅子气泡酒，倒酒的时候，她终于忍不住问，“我看你朋友圈里经常发演出照片，全世界各地地跑。魔术师这个职业，赚钱吗？”

他端着酒瓶的手停在了空中，顿了顿，他说，“不赚钱，可是，我热爱这份职业。我有职业荣誉感。”

那是梁森第一次听到有人对她说起“职业荣誉感”这几个字。不是法官、不是警察、不是医生、不是人民教师……只是一个在别人看来，行业并不入流的魔术师。

他在说起这话的时候，眼睛是亮的，仿佛盛满了星光和大海，笑容里满是自豪。

梅子酒并没有什么酒精含量，可是她却觉得，自己醉得不轻。

3.

吕羿川每周都会来找梁森调药方，连吃了三周中药，加上她的祖传按摩手法，他的亚健康状态有了明显改善。

得空的时候，两个人畅聊生活。之前的心理学派上了用场，他所有的不开心和压抑，在她这里，都得到了缓解和释放。

而他们的关系也从之前的纯医患变得亲厚不少，像朋友，又像专为他调理的私人医生。

他连连感慨，“梁森，我觉得你前途无量。”

她好笑地瞥了他一眼，“就你这点小病，是个医生都能看。”

“不不，不一样的。”他看着她，眼含深意，“会看病的医生多了，但是这么尽心尽力的，我只遇到了你一个。”

她在他含笑的目光中低下了头。吕羿川不知道，哪个医生看病用的都是经验，可像她这样用心的，只是因为，遇到的是他而已。

那天下午，如往常般做完推拿，他带她去了自己的工作室。

工作室位于市郊的科技园区，偌大的开间，玲琅满目的道具摆了一地，她好奇地走走看看，伸出手不知触碰到哪个按钮，屋子里的灯忽然熄灭，她尖叫一声，却见周围星星点点，亮起了彩色的荧光。

放置在桌子上的八音盒唱起了歌，吕羿川招呼她过去，“来，森森，你从我这里抽四张牌，记住哦，千万不要让我看到牌面。”

她笑他故弄玄虚，随意挑选了几张，再翻转过来时，同样四张红桃 K 却变成了印着“生日快乐”四个字的纸卡。

恍惚间，只见他一拉桌布，刚刚还是放满纸牌的桌子上，不知何时多出了一个包装好的蛋糕。

她倒抽一口气，问他，“你怎么做到的？”

“明天是你的生日，但是我明早六点半的飞机飞香港，只能提前为你送祝福了。”他咧开嘴，眉目生辉，“很抱歉，为了这个安排，我从医院档案里查询了一下你的出生年月，希望你不要介意。森森，生日快乐。”

她捧着蛋糕盒，张着嘴，一个字都说不出。心里像是落了场磅礴大雨，潮湿的风吹过，吹得心间都浮起涟漪。

吕羿川，我上辈子一定是拯救了银河系，这辈子，才会遇见这么好的你。

4.

得知吕羿川去上海演出的消息是在一个暖暖的黄昏。

他从微信上发来一系列小视频，炫目的美物和灯光晃得她睁不开眼。

他兴奋地问，“森森，后天就要演出了，你猜猜看，这次我要表演什么样的节目？”

吕羿川一定没有想到，在跟他聊完演出节目后，梁森打开电脑，以最快的速度，预订了一张到上海的机票。

请假的时候，主任一脸的不乐意，“你这也太突然了吧！明天就要走，我们连值班表都来不及排班啊！”

她满含歉意地向他连连鞠躬，“对不起啊，家里出了点事。十万火急，不走不行啊。”

她想，她真是疯到了无可救药。

为了去看一场演出，自己竟然昧着良心，编造了人生中的第一个谎言。

她没有赶上吕羿川的演出，航班晚点 5 个小时，到达时，他们已经结束了一场梦幻之旅。

然而，当她毫无征兆出现在吕羿川团队下榻酒店的时候，他无疑是惊讶的，眼里却又不经意地流露出一丝欣喜。

见她没有吃饭，他连忙放下手头事宜，拉着她前往附近一家川菜馆。

热腾腾的蹄花汤端上桌，她狼吞虎咽扒拉着碗里的面，隔着热气袅袅，她悄悄打量对面男子如净玉般美好的侧颜，忽然觉得无比知足。

深夜的上海繁华而又温暖，梁森和吕羿川肩并肩走在干净的街道上，偶尔有车驶过，再没有任何时刻会比此刻更加温情。

他问她，“怎么突然过来了，也不打个招呼。”

她笑得天真又灿烂，“这不是想给你点惊喜，支持一下你的工作嘛。”

他突然站定，转过身来看着我，静默三秒后，嘴角的弧度忽然渐渐拉高，“既来之则安之吧，正好这几天我也没有其他安排，所有的时间，就都预约给你。”

月色美得让人挪不开眼。她睁大眼呆呆看着他，只觉得异乡的夜啊，连风都呢喃着柔情。

整理完后续工作，吕羿川带梁森去了迪士尼。因为她说，她从来没有去过任何游乐场。

她想去看一看。

地心历险是整个行程里最刺激的项目，过山车从黑压压的地心山洞里穿过，快到火山口时，忽然冲出一条龙来，车体开始加速俯冲，她“啊”地尖叫一声，下意识地抱住了身旁吕羿川的胳膊。

从过山车上下来时，梁森猫着腰蹲在一旁，只觉得自己刚刚鬼哭狼嚎着死死扒住他胳膊的行为十分丢人。

他过来拉她的胳膊，“怎么，难受吗？”

她摇摇头，捂住脸不肯看他，“刚刚……好丢人啊。”

“怎么会呢，”他摸摸她的脑袋，语气里满是笑意，“嗯……叫声是有点吓人，不过，这才是真实的你，很可爱啊。”

男子的眼神是前所未有的温柔，她抿了抿嘴，心里酥成一片。

5.

从上海回来后，梁森和吕羿川的关系突然有了质的飞跃。

但凡她值班，他又没有演出时，都会来医院，等她下班，约她出去吃饭。

他从来没有向她表白过，当然，也从未承认过她是他的女朋友。可她就是坚定地相信，喜欢一个人的眼神不会骗人。

可能连他自己都没有发觉过，他看她的时候，眼睛都是笑的。

既然关系没有挑明，被请的次数多了，梁森也会觉得不好意思，想要回请，却总被他拒绝。

“你一直在调理我的身体，又专程跑来上海支持我的工作，我请你吃几顿饭来表达我的感激之情，这有什么问题吗？”

他这样义正言辞，倒是让她显得有些矫情。

于是，她拿着两张国家大剧院的演出票出现在他面前，“吕大魔术师，今晚柏林交响乐团来演出，是否能请你赏脸，陪我去看个音乐会呢？”

演奏到中期，贝多芬的《第九交响曲》响起，宏大磅礴的管弦乐合奏仿佛将人代入保罗天地的宇宙之境。吕羿川突然凑到她耳边，悄声道，“你说，我演出的时候，用这首曲子做背景乐好不好？”

她点点头。

他不知道，在她眼里，他喜欢的一切，都是世上最好的馈赠。

梁森没想到吕羿川会受伤。

那是一个危险系数高达 90% 的逃脱术表演。彩排时，因为一丁点失误，他没能及时从道具中逃脱，伤及了背部。

他被送到离工作室最近的医院，她假都来不及请便飞奔过去，站在急诊室门口，看着那盏亮起的红灯，只觉得天旋地转，脑子里一片空白。

就在她替他办理完住院手续，正准备回病房的时候，手机铃声响起。

按下接听键，那便是一个陌生的女声。

“我已经给吕羿川安排了条件最好的私立医院，你帮他垫付的住院费，回头我会让人打到你的账户上。”

她愣愣握住手机，像是不明白发生了什么事情。直到她一步一步走到病房外，看着那个身材高挑的女孩子推着轮椅，轮椅上，坐着面无表情的吕羿川。

手机从指尖滑落，“啪”的一声，屏幕碎成了两半。

6.

原来，从始至终，她都是故事里那个小小的配角。

吕羿川是有女朋友的，只是那位华裔白富美苏琳常年生活在国外，两人分分合合多年，却终究逃不出命运的牵绊。这一次，他义正言辞地再度提出分手，却被她一哭二闹三上吊，搅得人尽皆知。

她的爱霸道又自私，不由分说将他接走，顺便“惩罚”了一下梁森这个误打误撞的暧昧对象。

不到一天的时间，全院都知道了梁森这个插足别人感情的“第三者”。同事们窃窃私语，她坐在工位上，如坐针毡。

梁森一宿未合眼，枕巾湿了一片，人生头一次知道什么叫肝肠寸断。

可是清晨，第一缕阳光照进窗户，想起他为她设计的魔术生日派对，想起迪士尼玩过山车时他温柔抚摸她头发的神情……一颗心揪到了嗓子眼，满脑子都是他的脸。

微笑的，淡定的，沉着的，慌乱的。

她就这样原谅了他。

她想，自己终于还是应了那句话。爱一个人到极致，整个世界，便疯狂了。

梁森大病了一场。足足在家烧了三天，没有收到吕羿川的任何信息，却等来了苏琳的电话。

“听说你病了，我特意代阿川来关心你一下，并且告诉你一个好消息，我们要结婚了。”

她烧得昏天黑地，以为自己听错了，“他不是要跟你分手了吗？”

“分手？谁告诉你我们要分手了？”苏琳的语气里尽是嘲讽，“梁森，别做你王子公主的白日梦了。你当吕羿川是傻子吗？这么多年，如果不是靠着我们家的势力和关系，你以为他一个毫无身家背景的人，哪来的底气敢在这个物欲膨胀的社会做自己喜欢的事情？”

苏琳在电话那头笑，声音像刀子，一下一下插进了她的心窝里，“舞台魔术表演可是个烧钱的职业，道具、场地，甚至舞美搭建，哪个不是真金白银砸出来的？阿川确实有点天赋，也足够努力，但远远担不起‘大师’的称谓。这个圈子竞争激烈，残酷到你无法想象，如果没有我父亲的资源，你觉得，哪个赞助商愿意给这个无名之辈投钱？”

苏琳说了很多，她懵懵懂懂地听着，可是大脑空白成一片，似乎听进去了，又似乎一个字也没听见。

病好后，她像没事人一般，又厚着脸皮去找吕羿川。她想，不论怎样，她都要亲自问一问他。她不相信，自己爱着的人，那么美好的一个人，会是一个趋炎附势、唯利是图的小人。

然而世事并不如她所料。吕羿川开始对她保持距离，电话不接，短信不回。

她怨妇般跑去工作室堵人，可出来迎接她的，却是他那个烦人的助理。

“吕羿川呢，叫他出来见我！”

小助理唯唯诺诺地向里瞥了一眼，像是接收到了某种信号，扭过脸，坚定地将她拒之门外，“吕老师正在排练，不方便见人。”

她如置冰窟地僵在当场。如此明显的拒绝之意，轻巧地掐断了她的所有幻想。

苏琳说对了，吕羿川不傻，他那么热爱魔术，那么想要在这个圈子里获得一席之位，怎么可能为了她而放弃大好前途？

夜晚的风真凉，心里像是漏了一个大口子，风吹进去，灌满了悲怆。

她曾以为，一个人看着你的时候眼睛都在笑，那他一定是喜欢你的。

或许她错了。真正喜欢你的人，不会打着各种幌子，假借暧昧的名义来欺骗你、伤害你。

他温柔的笑并不代表喜欢，因为，那种如沐春风的温暖，是他对自己人格的最好伪装。

7.

4 月初，梁森被派往德国科隆一家医药公司进行为期一个月的学术交流。

刚去时满眼新鲜，闲暇时一个人背着包四处游荡，恨不得把大街小巷都走遍。

可就是在那天，她遇见了人生中最惊悚的一件事情。

恐怖袭击。

炸弹在离她 50 米外的地方爆炸的时候，她被人从后面推了一把，一个踉跄趴在地上，紧接着，有人顺势伏倒，将她护在了身下。

巨大的轰鸣声在耳畔响起，残砖碎片像流弹般飞了过来，铺天盖地将他们湮没。

不知过了多久，恍惚间听见警车呼啸而来的声音，四周人声鼎沸，她支着僵硬的脖子，想要对一直护在身上的人说一句感谢。

然后，她看见了吕羿川的脸。

他额角滑落的鲜血滴在她的眼睛里，模糊了视线，她歇斯底里地尖叫起来，只觉得天旋地转。

整个世界，忽然失去了声音。

世间竟然会有这样的巧合。自己费尽心思都见不到的人，居然会在同一时间段和同一地点，受邀前来进行魔术表演。

他演出完出来吃饭，远远看见前面一个熟悉的身影，刚想上前打招呼，身后便传来爆炸声。

医院的住院部人满为患，到处都是那日街头的受伤民众。

她看着吕羿川脑袋上缠的厚厚纱布，嗫嚅半天，问他，“脑震荡……会不会影响你以后的生活啊？我听说，听说你和苏琳要结婚了……”

他伸出手来，像从前一样抚摸她的头发。

“梁森，”他唤她的名字，“我不会和她结婚的。一段没有信仰的婚姻，与坟墓无疑。”

“什么信仰？”她张着嘴，傻傻问。

他拿开了手，扭过脸去望向窗外，像是陷入了深度的沉思，很久以后，久到她以为他不打算说话了，他忽然再度开口。

“感情这个东西，冷暖自知。如果两个人恋爱超过 8 年还没有结婚，那就说明有很重要的东西磨合不来，是真的不适合在一起。你还年轻，等你长到我这个岁数的时候，就都明白了。”

那真是一个悲伤的故事啊。华裔少女在异国他乡街头遇到遭人追债的留学生，她替他还了债，却将他带入另一个深渊。

苏琳的父亲出资替他完成梦想，甚至让他持有了一部分苏家的股份，起初他是感激的，后来才知道，一切都是骗局，一切都是谎言。

那个男人根本不喜欢他，可自己的女儿一哭二闹三上吊，老爷子爱女心切，不得不退让。加之吕羿川享誉国际的魔术师身份作掩护，能够在各种场合为苏家带来或明或暗的利益，老爷子权衡了一下，终究点头。

只是，这种带着利益的交换付出了巨大代价。为了让他安心陪在她身边，他的家人被控制，自己人身被监控。吕羿川的周围都是眼线，他像一只被关入笼里的鸟，想要自由，翅膀却被人生生折断。

8.

那日后，梁森再没见过吕羿川，因为苏琳来了。

白富美女友带着专业医护小分队亲自接他，她这个刚毕业不久的按摩师，便再没有任何出现的意义。

从德国回来，她和吕羿川彻底失去联系。他们并没有删除彼此的手机号和微信号，然而却像达成了某种不言而喻的约定，默契地把对方变成了陌生人。

她日复一日工作，如往常般循规蹈矩地生活。她依然对各路病人嘘寒问暖，体贴备至，只是再不会有一个人让她披肝沥胆，愿用所有的光和热为他保驾护航。

刚极易折，情深不寿。她仿佛失去了爱一个人的能力，随着吕羿川的离开，她的世界，忽然没有了色彩。

年末岁尾，偶然从小助理那里听闻吕羿川即将去美国表演木箱逃脱术的消息。

他悄悄告诉她，“前段日子吕老师和苏琳姐大吵一架，好像就是因为表演的事儿，差点动刀子！”

她一愣，“怎么会这么严重呢？”

“他们俩吵架又不是一次两次了，苏琳姐也是，吕老师这么好的脾气，都被逼得要发疯。”小助理耸耸肩，“不过，听起来好像是达成了某种协议。那天他出来的时候，脸颊处有伤，嘴角却有笑容。”

她终于忍不住拨打了吕羿川的号码，约他出来吃顿饭。他同意了。

还是在他最爱的日式居酒屋，天妇罗配烧酒，堪称天作之合。

那是德国一别后他们第一次见面，整整半年，不闻不问，可再见的那一刻，仿佛有巨大的波澜自她心底流淌而出，岁月静好，尚不知今夕何夕。

她端起酒杯敬他，“这是饯行酒，我干了，你随意吧。”

酒杯遮住半张脸，挡住了她眼角突然滑落的泪。酒精上头的那一刻，她忽然缠着他要喝交杯酒。而他竟未拒绝，任由她将臂弯勾住他的手臂，一杯酒直直灌下，呛得她满眼泪花。

“森森，”他忙俯过身来替她拍背，“少喝点酒，等我演出回来，就开个啤酒屋，让你天天喝个够。”

饶是大脑反应再迟钝，也知道这句话的字面含义。她猛然抬头，半张着嘴木讷地看着他，只等他一句解释。

“我想了很久，才想明白，梦想和生活是两码事。这个行业有着极大的风险性，我没有雄厚的资历和背景，不足以支撑着这份热爱继续走完。”他笑笑，轮廓清晰的脸明明瘦了很多，可眼睛却亮得发光，“所以，这次表演，是谢幕，也是开始。而且，按照合同要求，如果表演圆满，还能从赞助商那里得到丰厚的酬劳。这样，开店的钱就够了，何乐而不为呢？”

他的笑容像满月，光华照亮漆黑的夜。

东京的雪簌簌落下，她踩着他走过的脚印，醉醺醺地跟在他身后，唱着跑了调的情歌。

吕羿川，我爱你。

就像飞鸟亲吻孤岛，这一生，我也只能爱你。

9.

看见吕羿川微信消息的时候，梁森正在研究上一位患者的病例。

手机的荧光屏亮起又熄灭，她划开屏保，就看见他冰冷又生硬的一句话：梁森，对不起，我还是放不下我的梦想。

这是演出成功，被大笔酬劳迷了眼，见钱眼开，所以出尔反尔了？

她的心口像是被人灌了一盆冰渣子，冷笑一声，电话打过去，那边却被挂断。

再打，再被挂断。

整整一下午，手机电量耗尽，她要找的人，再也没了音信。

梁森休了年假，专程飞了趟波士顿。

先见到了苏琳。

她叼着烟卷，看起来格外憔悴，眼窝深深陷了进去，明显这段时间过得极其颓废。“梁森，吕羿川的信息说得还不够明显吗？你怎么跟个苍蝇似的阴魂不散？”

梁森静静看着苏琳，“他在哪里？我要见他。”

“阿川最喜欢魔术了，他说自己变魔术的时候，就好像能够操控整个世界。”苏琳咧了咧嘴，答非所问地笑了笑，“两个月以前，我找到了新的赞助商，合同我谈了整整一个月，可他一句分手，就否定了我的全部努力。我跟他大吵一架，但最后还是妥协了。我同意分手，前提是，他要演完最后一场，让我对赞助商有个交代。”

“你根本就不是要对赞助商有个交代，你只是想满足自己的私欲，把吕羿川留住而已。这些年，他像折翼的鸟儿一样被你控制着，这就是你所谓的爱吗？”梁森冷冷看着她，“苏琳，你的爱太极端，太自私了。你根本就不爱他，你爱上的，只是你想象中的爱情的样子。”

最后那句话像是戳进了她的软肋，苏琳突然失声痛哭。

不知过了多久，她伸出手，递给梁森一张写满英文的纸片。那是一个地址。

她闭上眼，声音里满是疲惫，“你去看看他吧。他应该挺想见你的。”

10.

进入大门，左数第二排最后一个位置，便是吕羿川的家。

不足一平方米的石碑上还有新鲜的花束，想必有人不久前刚来探望过。

梁森想起吕羿川来美国前的那一晚，风雪席卷着爱人的呢喃，一不小心，就落满了肩头。影子被路灯拉得很长，走在前面的他突然停下，俯过身轻轻亲吻她的额头，和飘落在她睫毛上的雪花。

那个吻轻巧而又美好得不像话，那个梦沉醉又温柔得不愿醒。

夜空中的星辉不及他眼底的光华，月亮再圆，也比不过他的笑容温暖。

她告诉吕羿川，这辈子，她再也没有办法爱上别人。所以她等他，等他来找她，等他来爱她。

只是他太心急了。太想要赢得自由，太想要主宰自己的命运，于是在美国的最后一场演出，成了他此生永远无法逾越的遗憾。

小助理说，吕羿川的逃脱术已经有九成半的把握，按说没有太大问题。可不知怎地，箱子上的锁被人掉了包。而他手里的钥匙，也是错的。他们调了监控，发现表演前进入场地的，只有苏琳一个人。

……

她坐在墓碑旁，找了地方，静静听风吟唱。

此生不能陪伴你长久，过来陪你说说话，便算作最后的祝福。

吕羿川并不知道，那场表演，她就站在万人会场里。

贝多芬《第九交响曲》的最后一个音符止息，工作人员捞起灌满水的木箱，她同在座所有的观众一起，眼睁睁地看着她的魔术师先生以一个静止姿态，永远沉睡在了寂静深沉的海底。

身旁是陌生人群的骚乱和惊呼，“Oh my Jesus！ What happened！（天啊！发生了什么！）”

她睁大眼，瞳孔里最后一束光，在漫天炫目的灯火中，瞬息寂灭。

“咔哒，咔哒——”

身后有皮鞋声渐渐临近，不知是紧张还是害怕，梁森的心脏突然剧烈地跳动起来。

“我答应过你，不会让你等得太久。但是很抱歉，原本计划回国找你，没想到最后还是要在这里见面。”

熟悉的声音回荡在空旷的墓园，她静静坐在石碑前，摸了摸耳朵，以为自己遇到了幻听。

“我和苏琳的父亲做了交易，她父亲一直不喜欢我，觉得我配不上她，这次离开，可能也是老天爷给我的机会。我承诺把所持苏家的股份如数交还，然后跟苏琳断绝关系，从此离开魔术行业。他很高兴，找人易容成我的模样上了台，只是没想到，那个可怜的魔术师，竟成了苏琳疯狂报复的牺牲品。”

那人终于在她身后站定，温暖的双手扶住她颤抖的肩，轻轻将她的身体把向自己，“梁森，是我，我回来了。”

回头，正对上一双缱绻又深邃的眉眼。

他看着她，眼底星光璀璨。

她想起那晚两人头顶的雪花，风月饮尽，仿佛就这样白了首。

梁森咧开嘴笑了笑，还没说话，一滴泪，轻轻落了下来。